U0020907

股海老牛
專挑抱緊股
穩穩賺100%

10項指標篩選股票，四大心法
看準買賣點，伺機抱緊，
這輩子從此穩穩賺

股海老牛 著

痞客邦百萬財經部落客、
Smart 台股戰情室、
商周財富網、
CMoney 投資網誌等
財經專欄作家

CONTENTS

推薦序一
用心指引的一條康莊大道／安納金 007

推薦序二
一切終將回歸基本面。何必繞彎呢？／股魚 011

推薦序三
難得一見的獲利入門書／許凱廸（阿格力） 013

推薦序四
要戰勝大盤只有一個方法，就是「耐心」
／華倫老師 017

自序
上船吧！
我帶你航向「財務自由」的新大陸！ 021

第一章

股海老牛投資錄 027

同一檔基金，為何別人大賺我卻認賠？ 030
做越凶賠越多，當沖有多可怕？ 033
放空、放空，害我口袋也空空 034
散戶投資更要抱緊處理 038

給你 3 招起手式，自己也能變大師　042

巴菲特最喜歡的持股時間：永遠　048

第二章

「抱」：挑到好公司就要一直抱著　055

財務報表是後照鏡，還是照妖鏡？　056

財務報表告訴我們的事　061

除了每股盈餘，「營益率」更關鍵　062

搞懂現金花到哪去了——「自由現金流量」　069

巴菲特最看重的營運指標——「股東權益報酬率」　072

速度決定成長的力道——「營運週期」　075

投資人的安全邊際——「殖利率」　080

投資人回本的速度——「本益比」　083

獲利穩定及趨勢方向決定股價的走勢　087

選出隱形冠軍的財報檢查表　090

第三章

「緊」：以好價格買進才抱得緊！　099

安全邊際告訴我們的事　104

價值型投資——尋找被低估的珍寶　105

CONTENTS

成長型標的──裝上渦輪引擎的企業　110

價值成長型股票──視為首選投資標的　114

歸納估價法──注重營運穩定慣性　117

推估估價法──放眼未來成長力道　126

第四章

「處」：上下震盪能處變不驚，不敗在情緒 143

放下投資情緒　145

常見的謬誤心態　147

哪些情緒偷走了你的積蓄？　149

注意市場變化，但不要聽市場的聲音　153

嚴守風險管理，比任何事情都重要　158

認識風險　159

勇於擁抱風險　162

建立專屬交易系統　163

交易系統的重要因子　166

偉大交易系統的六大關鍵　167

模擬交易系統──以台積電為例　169

第五章

「理」：理智配置投資組合，
順勢加減碼 173

夢幻球隊般的投資組合 174

投資組合的原則 175

管理投資組合的正確態度 177

設定獲利目標，擬定投資計畫 178

擁抱投資組合不手忙腳亂 179

建立專屬投資組合 183

記得核心持股搭配衛星配置 187

高難度的逆勢加碼——千萬別跟趨勢作對 189

順勢加碼才安心——搭著趨勢的風向前進 192

別忘了獲利出場 195

迅速停損，讓獲利奔馳 196

後記
抱緊處理才能迎接財富自由 203

附錄
股海老牛推薦，20 檔最佳抱緊股，
讓你穩穩賺 100% 207

推薦序一

用心指引的一條康莊大道

《一個投機者的告白實戰書》暢銷書作家／安納金

　　本書作者股海老牛是一位我相當欣賞的股市老手，他擁有豐富的實戰經驗，加上幽默風趣的文筆，讓人閱讀他的文章時，可以抱著輕鬆愉悅的心情、吸收新知。

　　此書是他從長期的投資經驗與博覽群書之後，孕育出簡稱為「抱」、「緊」、「處」、「理」的四大心法，能夠用這麼簡單、好記的方式，幫助讀者貫穿股海老牛的整個投資邏輯與哲學，堪稱一絕！

　　書中所談的四大心法，有許多都與本人過去提倡的理念不謀而合，例如作者提到「以好價格買進，你才抱得緊」，與我所說「波段投資、抱好抱滿整個波段」有異曲同工之妙。因為帳戶的總獲利等於，帳戶所持有的部位總和，再乘上平均漲跌幅，故須充分投資才容易放大總獲利；若以當沖的角度進進出出，平均持股比率過低（許多時間沒有部位），是難以累積財富的，還得面

對頻繁交易造成的交易成本耗損。

書中也提到，「真正害你賠錢的，不是大盤的漲跌，而是你的情緒」，則是我長久以來所持的核心理念，一般投資新手都想要學技法，然而真正老手卻是贏在心法。因此，即便是面對同樣一條走勢（例如 2018 年開高收低的台股）新手賠錢而老手賺錢，關鍵不在於進出的技巧有多好，而是核心的法則是否正確。

有關理性配置投資組合的部分，以「核心」配置在能持續發股利的大型股，加上「衛星」配置在成長型的中小型股，基本上這就是能夠長時間穩健增值、甚至打敗大盤指數的祕訣，也是法人圈中長期績效卓著的基金經理人，所採行的策略。股海老牛從親身實戰歸結出來的致勝方法，若能向一般投資大眾推廣、普及的話，將會幫助散戶們免於追高殺低、每天當沖窮忙，最後卻一無所獲的悲劇。

最後，作者在本書的後記當中提到：「給人金錢是下策，給人能力是中策，給人觀念是上策。」「理財不是一天、兩天，而是一種生活態度，趁早開始規劃，就能提早享受被動收入給你帶來的財富自由。」

我對這兩段文字心有戚戚焉，因為我過去二十多年來的投資生涯當中，遇過數以萬計的投資人，來閱讀我的文章、向我請益。然而如今收穫最多、成長最大的，都是理解「心法，最為可貴」的那些人，因為正確的投資心法不僅受用於股市，更能夠在人生的長遠規劃與待人處事上、發揮強而有力的複利效果……這是短視近利者無緣體會的境界。股海老牛以他個人的心路歷程，

為新手們指引了一條康莊大道，值得讚佩！

願善良、紀律、智慧與你我同在！

（本文作者著有暢銷書《高手的養成》〔法意〕、《散戶的50 道難題》〔新樂園〕、《一個投機者的告白實戰書》〔商業周刊〕等書。）

推薦序二

一切終將回歸基本面。何必繞彎呢？

《商業周刊》財富網「股魚不看盤投資教室」專欄作家／

股魚

　　巴菲特的老師葛拉漢留下三本著名作品《智慧投資人》（*The Intelligent Investor*）、《證券分析》（*Security Analysis*）、《投資報表》（*The interpretation of financial statements*），在其中一本書的介紹中有這麼一段話：「所有的投資終將回歸基本面。」他向投資人揭露了一件事情，不論行情怎麼震盪、股價怎麼激烈起伏，一家企業的真價值，最終都會由財務資料來明確表達。

　　本書揭露一個上班族（老牛）從積極交易型的散戶怎麼產生心態的轉變，改為擁抱價值投資的過程，並告訴讀者其獨到的「抱、緊、處、理」四道心法。我推薦讀者別急急忙忙找尋心法技巧，不如先將目光多停在心態轉變的這一塊，細細品味作者這段過程。

　　人之所以想學好什麼東西，其根本的原因在於心態的改變。

浪子為什麼會回頭，是因為心變了、想法變了。觀念驅動行為的調整，最終才能完整吸收。想想看，抱著抗拒的心情吸收知識，就算是給你滿滿的祕訣，也無從發揮作用。

　　作者的四大心法，其實也就是價值投資的幾個重要觀點。挖出好股票、緊盯好價位、放鬆心情與投資組合這四大要點，藉由作者的風趣詮釋，讓原本略顯生硬的財報投資邏輯，也散發出人性。市場有句話是說：「報酬率是等出來、報酬率是抱出來。」就是告訴我們，找到好公司並抱緊它，便是長線獲利的不二法則。而好公司當然是關鍵中的關鍵，隨著時間過去，好公司可帶來豐沛現金股利的分配與公司淨額的成長，而這兩者都是驅動股價上漲的動力。

　　財報型投資的書籍有個特點「越看越有滋味」，隨著投資經驗增加，我們會慢慢理解作者的言下之意，股海老牛將十多年的投資功力灌注於書中，書中處處是提醒。請讀者用放鬆的心情來看這本書，一次又一次的反覆閱讀、加深功力。我們常說，看書是讀者跟作者來一場穿越時空的交流，就請各位透過時空交流，將作者的四大心法轉換成投資能力的基礎吧！

　　（本文作者為專業投資人，不定期在各財經媒體發表專欄文章。深耕財報投資領域，堅持不看盤是投資方式也是一種生活態度。出身於散戶，了解散戶常見的投資問題，透過教學互動的過程持續推廣投資理念。著作有：《明牌藏在財報裡》、《不看盤投資術》、《ETF 大贏家》。）

推薦序三

難得一見的獲利入門書

台股生活投資領航者／許凱廸（阿格力）

　　搶先看完牛哥這本大作後的感想就是：「這本書為什麼沒早點上市，新手就可少繳點學費了。」阿格力從事投資寫作的經歷有 6 年以上、發表超過 300 篇文章，深知將投資知識系統化的困難。

　　市面上很難找到一本適合新手學習，而且範疇涵蓋「基本財務」、「心理因素」，以及「投資策略」的書，而這本書就像我 2 年前、第一次跟牛哥在新莊碰面討論股票時對他的印象一樣，就是「穩健實在」。

　　散戶投資人最適合的方式就是長期持股，但卻沒人教我們怎麼「抱緊處理」，時常是好股賺一點就賣掉，而套牢了才被迫長期投資。現在讀者有福了，牛哥在書中提到了抱緊處理的四個面向，分別是：

- 挑選好公司、

- 在好價格買進、

- 股價震盪如何應對、

- 配置投資組合。

前述每一個指標都用實戰範例來說明，不會像許多書籍流於學理形式，導致讀者不知如何應用。例如用本益成長比（PEG）來計算出成長型公司之合理股價，解決了許多散戶單純用本益比來衡量成長股，導致錯估價值的問題。

除此之外，牛哥更不藏私的分享，他篩選隱形冠軍股的「財務檢查表」，表中深入淺出的運用 10 個指標，橫跨股價合理性、股利政策、成長性、風險度、盈餘品質和來源等，就能有效率的篩選出好股。

書中舉例的花仙子（1730）正好是我最熟悉的公司之一，阿格力過去是以消費經驗與公司之商業模式來選出這家公司，但如果讀者缺乏相關購物經驗，能否也篩出過去 5 年大漲 270%（至截稿日止）的花仙子呢？答案是肯定的，花仙子 2018 年大漲前的狀況，就符合了牛哥獨家財務檢查表中 10 個項目中的 9 個，讓投資人可以用「量化」的方式，更輕易的篩選出未來的績優股，提早抱緊處理。

在書的最後果然還有彩蛋，不藏私的分享該如何解決投資過程中導致難以抱緊處理的「情緒影響」。透過一針見血的四步驟SOP、搭配實戰分析來示範如何評估一家公司，至於內容部分我

就不爆雷了，值得讀者們自己親自體會、感受牛哥在這本書的用心。總結來說這是一本市面上非常稀有的新手實戰入門書，誠摯推薦給想要進入股市，卻又不想多繳學費的你，相信這本書會讓你覺得物超所值。

　　（本文作者為臺大生技博士暨臺大優秀青年獎得主、臺大生技創業學生會創辦人，擁有銀行投資部門實習經驗，並靠自學投資成為知名財經作家。目前為台股「生活投資」學派的領航者，並於《Smart 智富月刊》、「日盛證券」、「股感知識庫」及「商周財富網」擔任特約專欄作家，文章擁有數百萬人次點閱。著有《我的購物車選股法，年賺 30%》〔大是文化出版〕、《生活投資學》等兩本書。）

推薦序四

要戰勝大盤只有一個方法，就是「耐心」

《流浪教師存零股存到 3,000 萬》作者／華倫老師

　　一般人聽到「股票」兩個字，直覺反應認為這是投機的東西，「玩股票」是極度危險的事情，很多股票族通常是損失慘重後才被迫出場，誓言不再碰股票並用過來人的經驗勸戒旁人不要玩股票，股票市場淪為人們進入貧窮的捷徑。

　　我個人也有這樣的經驗，十幾年前初入基金市場和股票市場，短短 2 年就幾乎把積蓄揮霍殆盡，後來因緣際會下看了股神華倫巴菲特的書籍，才逆轉了人生走向，經過十幾年的努力，如今已財富自由。後來我發現股票不是用來「玩」的，而是用來「投資」的，我體悟出：投資致富，欲速則不達；慢慢來，比較快。

　　本書作者股海老牛和我有類似的經驗，剛踏進股票市場，亟欲快速致富，但最後卻是賺小賠大，甚至因為使用信用交易，被

迫和家人借錢調度，和大多數散戶一樣，看新聞做股票，聽消息玩股票的下場，就是讓自己更接近貧窮，股票市場的資訊極度不對稱，要從已公開的訊息中賺錢是不可能的，散戶通常淪為最後一隻老鼠。

後來老牛也開始研讀許多投資大師成功的法則並悟出四字真理，那就是「抱緊處理」。一般散戶朋友要戰勝大盤——要戰勝學有專精的分析師或主力大戶，只有一個方法，那就是「耐心」，我也常對投資朋友說，只要堅守投資紀律，想要財富自由絕非難事，而這也是在本書中，老牛一再告誡大家的。

其實買進股票就是擁有一家公司的部分股權，買了股票你就是公司的一個股東、老闆，既然是老闆，當然要對公司的基本面、價值、競爭力瞭若指掌，這些也都反映在企業的財報當中。

老牛在書中也詳細了介紹財報的重要指標，對於買賣點的拿捏也有獨到的見解，附錄還整理了 20 檔 2019 年潛力股供讀者參考，本書對於初入股市的投資朋友，或是在股海中虧損而更想有所作為的散戶朋友而言，絕對是投資股票很重要的參考書。

文末，看到股海老牛身兼上班族、稱職父親和好老公及部落客的忙碌身分，又受到幼年疾患導致左手無法施力打字，利用睡眠休息的時間，且單靠右手一字一字在鍵盤上的敲擊，才造就本書，著實令人感動，這是老牛在股海的致勝心法，在此推薦給大家。

（本文作者從 34 歲開始專注於投資具壟斷性質的民生消費

股，長期持有直到公司營運績效轉壞才賣出。34 歲當年他的股票市值 116 萬元，43 歲已達 2,300 萬，48 歲突破 4,000 萬元。另著有《華倫老師的存股教室》、《華倫老師的存股教室 2：股利與成長雙贏實戰》。）

自序

上船吧！
我帶你航向「財務自由」
的新大陸！

　　2018 年，中美貿易戰不斷升溫，引發了全球 10 月股災，全世界主要市場皆從高點滑落 10〜15%，台灣股市也跌落萬點神壇。不過大多數的人在經歷虧損後，現在看到漲勢不斷，還是心驚膽跳，擔心股災會再次席捲而來。不過在驚驚漲的情況下，事隔不到半年就再次重返萬點，令許多散戶仍不敢置信。而那些與我一同堅定「抱緊處理」的投資人，皆已由小額虧損轉為大幅獲利，原本平靜以對的態度，如今轉為滿臉笑容、甚至是開懷大笑！而在 2019 年第一季台股繳出上漲 913 點、漲幅 9.39% 的出色成績單後，將再次挑戰「萬一」大關，也就是在 2018 年時的最高點 11,270 點，令許多投資人又開始坐立不安、懷疑是否又會是下一波股災的前兆。

　　面臨 2019 年的詭譎多變的局勢，建議投資人可觀察三個重點：

1. 上市公司總體營收情況：引發股災的一項原因是，經濟基本面出現嚴重惡化，上市公司經營發生困難。所以投資人可從上市公司的總體營收來觀察，經濟基本面是否出現逆轉的情況。

2. 龍頭台積電走勢：台積電（2330）是加權指數中權重最高占比的個股，並且身兼半導體龍頭、更肩負著引領電子股的重要任務，所以台積電的起伏可說是大盤走勢的縮影。

3. 「散戶生命線」櫃買指數：除了外資之外，國內的資金來源投信及自營商常把焦點放在股性活潑的上櫃公司，也吸引散戶的目光，所以櫃買指數是否能持續推升，也是觀察重點。

回想我剛進入股市投資時，因為只想著要賺錢而急著在股市中忙進忙出，期待在開盤的五個半小時中尋求獲利的成就感，最終反而常帶著賠錢的挫折感一起收盤。當時我幾乎常做當沖交易，後來才發現沖來沖去的結果，除了刺激感外，更會時刻提心吊膽，甚至輸多贏少、到最後只有虧損連連。

我在投資的道路上，除了自己犯過不少的錯誤、踩過許多地雷外，也同樣觀察到不少投資人身陷虧損的泥沼中，變得茫然無措、患得患失。此外，對於忙碌的上班族來說，雖然想積極投資，不過在事業、家庭兩頭燒的情況下，如何抽出僅剩的時間來達到高效率的投資方式，就是個頭痛的問題。

後來我研究、學習股神巴菲特（Warren Buffett）的投資方式，了解價值投資之道，謹慎的挑選投資的企業，並且深入研究未來發展性。價值投資最初階的做法就是長期投資，並且要減少

交易次數，讓投資績效開始穩健成長。

　　我從過去閱讀大量的投資理財書籍、股市交易經驗中，孕育出「抱緊處理」的四大心法，**這四大心法都屬獲利關鍵、缺一不可**。投資朋友只要從抱緊處理心法出發，就可以在股市中穩定淘金、獲利滿滿。

　　以 2018 年來說，這年對投資人是相當考驗的一年，從金融風暴之後台股已經連續上漲 10 年，站穩萬點之後更使得許多投資人放下戒心，所以在遭逢「中美貿易戰」、「美債倒掛」等政經因素影響之後，台股不但跌破萬點，更讓許多投資人不堪連連虧損而畢業出場。

　　而我在 2018 年買進落難的股王大立光（3008），大立光從 6,075 元的最高價腰斬至近 3,000 元，我在 3,500 元時的相對低點進場，賣在 5,000 元附近的高點，報酬率超過 40%；又如製鞋三雄之一的豐泰（9910），因為大客戶 Nike 的表現不佳，導致豐泰的股價跌至近年新低點，所以我在 140 元陸續買進、長期持有，並且在 2018 年時以 200 元的價位將這顆豐碩的獲利果實收割；再加上長期投資的金融股的股利也貢獻不少的穩健收益，使我在 **2018 年股災時不僅能全身而退，更讓自己的持股總值刷新紀錄**。

　　我常在「股海老牛」部落格中與大家分享投資心得，也會提供以抱緊處理心法所挑選出的優質個股，讓投資朋友參考，年年均締下打敗大盤的紀錄，就連遭逢股災襲擊的 2018 年，老牛抱緊股照樣展現超越大盤的高績效，再度證明抱緊處理是最適合投

資朋友的一套穩定獲利的投資心法。

抱緊處理的四大心法分別為：

「抱」：挑到好公司就要一直抱著

價值投資從分析公司財務報表開始，股神巴菲特告訴我們財報的重要性，然而面對數百頁、又都是滿滿數字的三大報表，究竟需要看哪些數據？哪些指標才是分析重點？你大可不用過於擔心、憂慮，我會在第二章告訴你，**要從獲利穩定性、公司成長的趨勢來著手分析！**還有財報檢查表帶你逐步選出台股隱形冠軍。

「緊」：以好價格買進才抱得緊！

先找到有潛力的公司後，還得確認公司的股價處於什麼位階、目前的股價是否被市場低估。而認識「價值型」、「成長型」或「價值成長型」等不同投資型態，才能套用適合的估價模型，並且在足夠的安全邊際下買在低點，才能在股市中擴大獲利。

「處」：上下震盪能處變不驚，不敗在情緒

為什麼散戶在不錯的價格買進好股票後，仍無法抱緊而發生虧損？事實上，他們就是受到謬誤投資心態及偏差投資情緒的影響。只要我們了解風險、認識風險、並且勇於擁抱風險，就能在股市中趨吉避凶。建立成功的交易系統，即便股市壞消息頻傳導致下跌百點，你也不會再感到憂慮、煩惱。

「理」：理智配置投資組合，順勢加減碼

要持續獲利，就要透過投資組合來經營管理，新手、老手及高手都有不同的專屬投資組合建構方式。經由獲利出場、加減碼等資金配置方式，更能提升投資組合的效率，抓住趨勢讓獲利奔馳，創造最佳報酬率！

在領悟抱緊處理的精神後，我在「股海老牛」部落格及臉書粉絲團打造了一個具投資、知識及理財的園地，期間認識許多投資同好討論投資股票的資訊，但也發現有更多不懂投資理財或者是剛接觸股市的小資族，他們就像曾經的我一般走得跌跌撞撞，卻仍無法進入價值投資的大門。

我秉持著「向投資人傳道、為小資族授業、幫上班族解惑」的精神，除了跟投資朋友們分享不錯的定存股標的外，還有適合小資族買進的銅板穩健股，更會列舉出獲利成長的步步高升股。

其實只要五分鐘就能選出好股票、買在好價位！因此我也更加樂於帶領大家接觸投資理財、尤其是投資股市，希望能幫助各位離財務自由更進一步。

看完這本書之後，你將能達到幾項目標：

1. 擁抱價值投資之道。
2. 找到翻倍的價值成長股。
3. 懂得評估合理價位。
4. 在投資中趨吉避凶。
5. 安心投資樂活股海。

6. 穩定獲利累積資產。

本書適合對投資股市仍然懵懂的小資族、上班族，以及在股海浮沉的朋友，也相信有著多年投資經驗的朋友們，看了此書後也會頗有同感、頻頻點頭。

來來來，上船吧！歡迎你們一同上船，讓我帶你航向「財務自由」的新大陸。帶領各位一同在股海中成為那 20% 的散戶贏家！

股海老牛部落格：

https://camperliu.pixnet.net/blog

股海老牛臉書粉絲專頁：

https://www.facebook.com/StockOldBull/

第一章

股海老牛投資錄

「歷史就是從錯誤中學習的一門學問。」

我從小在屏東長大，父母以經營小商店維生，因時代的關係，父母的教育程度只有國小畢業，對於投資理財實在沒有太多的想法、更不用說買股票這件事了。

　　基本上，他們都是以「儲蓄＋節約」的傳統理財方式為主，後來我才知道，其實他們曾在朋友的建議下投資過股票，但僅在聽信明牌的階段，並未曾花心思研究，最終結果就是贏得幾張下市公司的「壁紙」收場。所以爸媽都一再告誡我們不要玩股票、股市裡面騙子居多……用這些負面言論來阻止我們接觸、投資股市。從小就聽話的我，也因此乖乖的聽從父母的「理財教導」。

　　這也使得我在出社會之前，幾乎從未接觸過「投資」這件事，即便在學生時期會打工賺取生活費，也覺得錢只要夠用就好，然後把多餘的錢存到銀行裡孳生微薄的利息，更不懂得規劃未來。當時我並不知道銀行利息的增長速度，遠遠比不上通貨膨脹的速度，錢放在銀行裡會一年、一年的貶值，能買到的東西也更少。現在回頭想起來，自己對於理財的「無感」，已經到了需要「急救」的等級了！

　　而在畢業、出社會工作後，身為上班族的我薪水雖然不算多，但扣除生活費及每月固定寄回家的孝親費後，仍會多出一筆小錢，因此我開始考慮投資，當時聽到同事聊最多的就是買基金。於是，我便到銀行、聽理財專員講述基金的相關事情，並且準備開戶。

　　其實基金的優點有：

　　（1）交給專家負責；

（2）投資全世界；

（3）分散風險；

（4）定期定額等優點。

當時的我認為，只要把錢拿出來投資基金就好，什麼事情都不用煩惱了，但真的是這樣嗎？

現在回想起來，真的是好傻好天真，而且還輕忽投資最重要的事情，就是**先搞懂投資的商品特性以及優缺點**。但令人汗顏的是，我拿出努力工作所存的錢，卻毫無準備的進入金融市場，最後只能說沒有血本無歸，已經是上天保佑了。

由於過去在學校曾接受數理訓練，使得第一次面臨投資的我，格外在意投資帳目的數字變化，只要持有的基金價格上漲就非常開心、下跌心情就墜入谷底，情緒總是隨之上下起伏，後來才知道，一切的問題都出在**散戶通病：「貪婪」、「恐懼」和「後悔」**。

從學校的訓練中，我們都知道對於「不懂」的事物，就應先透過閱讀來了解其中意義與內涵。然而在投資基金前，我並沒有做過什麼功課，只是買了幾本最基本的基金介紹書當作入門，卻從未仔細讀過，對於基金的專有名詞（例如基金種類、組成或標的等事前工作）亦不甚了解，甚至連是否配息都沒搞清楚。

我的投資名單不過就是參考網路上的資料，當然最喜歡的就是瘋明牌，看著網路上極力推薦的「飆漲基金」，幻想自己買進的基金能夠在明年翻倍。

同一檔基金，
為何別人大賺我卻認賠？

　　2009 年當時最火紅的就是「貝萊德世界礦業基金」（以下簡稱貝萊德世礦）。雖然貝萊德世礦在 2009 當年度創下 103.89％ 的報酬率；2010 年也有 29.17％ 的報酬率，不過因為進場時間已經在相對高點，更不懂什麼叫做「抱緊處理」。所以只要有一點風吹草動就擔心下跌，最後戰戰兢兢的小跌幾％就趕快贖回，還錯過後面一波行情，讓自己懊悔不已。

　　後來才知道基金有幾項優點，不過相對的缺點也不少：
　　（1）手續費／管理費等費用過高；
　　（2）商品資訊較無法掌握；
　　（3）有匯率風險（贖回／買進）。

　　在投資基金這段期間，我逐漸感覺到基金這種「被動」式的投資方式，比較不適合我「主動」的個性，因此開始有了轉向其他金融商品的念頭。

　　直到 2010 年，我注意到臺灣股市從次貸風暴的全球性金融危機中回復，2009 年從 4700 點回升至 8100 點，漲了將近兩倍。當時也吹起一波即使矇著眼睛射飛鏢、隨便挑都可以買到飆漲的股票。

　　即便知道股票風險很大、許多人曾在股市中傾家蕩產，但每

個人總抱持著「我不一樣」、「這次絕對不會」的賭徒心態。於是，我也從 2010 年開始了股海闖蕩的生涯，同樣懷抱著要在股市賺大錢的「投機夢」！

結果一開始卻選擇了最簡單（卻最危險）的研究股票方式——「聽電視上的老師說」。在股市節目上看老師口水亂噴的講著：「隨著新的 iPhone 即將上市，相關代工廠就有機會大漲……。」我便毫不考慮買進一張股票就要將近 10 萬元的鴻海（2317）、鴻海全球 3C（電腦、通訊、消費性電子）代工，跟 iPhone、iPad 相關均可稱上是蘋果概念股（按：與蘋果產品相關的股票）。

「……受惠於蘋果 iPhone、iPad Air 與 iPad mini 的熱銷，鴻海消費電子產品出貨強勁，近期營收創下近兩年來新高，也是歷史同期次高，隨蘋果 iPhone 正式出貨，法人預料鴻海下個月營收將進一步引爆，挑戰歷史新高……。」上述新聞的類似利多內容，想必大家並不陌生，我看完之後心想股價應該要上漲了，便毫不猶豫的買入，當時根本不懂、也不管其他的財報數據。

結果買進之後，下個月公布的營收不如分析師預期，投資人的失望程度就直接反應在股價上，當下我便決定虧 3% 就認賠賣出。更衰的是，隔沒幾天股價居然又回漲 5% 至 6%，我的心情更差了……想當初應該相信郭董的話，要對鴻海有信心……「抱緊處理」不是很好嗎！

無論是電視媒體或是分析師在報導中常用到的「利多／利空」關鍵字，例如法人表示、市場傳出等沒有根據的消息來源，

不管這些報導正確與否，都已經有意、無意的暗示或恐嚇，對我們造成了影響。這使得我們聽到持股的利多消息，就會感到興奮雀躍；反之，聽聞利空消息則覺得焦慮不安。**這種極端的情緒落差造成的影響，也會反應在我們的投資績效上。**

在 2018 年 4 月時，市場傳出有大戶要出面搶下大同（2371）的經營權，當天旋即拉到漲停板 25.2 元，並且爆出 11 萬張的巨額成交量。雖然接下來兩天果然吸引到散戶的搶買，股價仍持續上漲、最高來到 27 元；不過在隔週連跌 4 天後又立刻跌回 23

$ 老牛小教室

利多：

指刺激股價上漲的消息。例如：股票上市公司經營業績好轉、銀行利率降低、社會資金充足、銀行信貸資金放寬、市場繁榮等，以及其他政治、經濟、軍事、外交等方面對股價上漲有利的信息。利多消息的來源，大部分來自公司內部，如營業收入創新高、接獲某大訂單等。

利空：

指促使股價下跌的消息。例如：股票上市公司經營業績惡化、銀行緊縮、銀行利率調高、經濟衰退、通貨膨脹、天災人禍等，以及其他政治、經濟、軍事外交等方面促使股價下跌的不利消息。

元，散戶虧損超過 10% 以上。散戶若聽從市場上沒有根據的消息來買賣，最終將隨波逐流並以虧損收場。

做越凶賠越多，當沖有多可怕？

2018 年 2 月，行政院院長賴清德拍板當沖降稅延長 3 年（按：當沖交易調降證交稅率，由 3‰ 調降為 1.5‰，至 2021 年 12 月 31 日止，且適用對象納入自營商），並宣稱此項政策有助於台股量能提升。這句話其實只說對了一半，因為這些官員沒有告訴你，**交易次數頻繁的狀況下，投資績效也會相對變差！**

「當沖」是透過先買後賣或先賣後買，在同一天開盤期間內買賣同一檔股票，而買賣交易在當天就沖銷，用不跨日、不留倉的方式賺取短線獲利，就像做「無本生意」。例如：在開盤時以 90 元買進鴻海 1 張，預計在 95 元時賣出，扣除手續費以及交易稅後，可以獲利將近 4,500 元。這比一般人的日薪高上許多，所以吸引許多投機客尋找漲跌幅較大的個股，來進行當沖。

在當時還沒有這項當沖降稅的政策時，我曾經利欲薰心玩過當沖。心中盤算著，這檔股票有上百張的大單連續買進時，應該會持續上漲，若立刻下單買進，就能賺進一筆投機財。

可惜人算不如天算，最後竟然是連續賣單出現，股價馬上下跌套牢。等到收盤時還是沒有回到原本買進的價位，只好倉促的認賠賣出，上班族做當沖的結果就是不僅沒賺到當天的薪水，甚至得做好幾天的白工來填補虧損。

本來以為能做無本生意，左手買、右手賣多賺一些錢，結果反倒賠上不少，還額外讓自己承受許多壓力。從開盤到收盤的這五個半小時，都戰戰兢兢的一直盯著股票的漲跌。不到一個月，經過這番折騰的我終於認清「當沖」的不確定性與投機，這教訓的成本還真是高！

放空、放空，害我口袋也空空

放空屬於信用交易的一種，也就是看到某檔股票，認為其價格高於價值，故先向券商借股票賣出，待價格下跌後再買回股票還給券商，以賺取價差。例如：宏達電（2498）價格在 83 元時，認為其價格過高，先賣出 1 張（融券賣出見第 40 頁解釋）；而在 75 元時進行買回（亦稱為回補），從中可賺取 8 元價差。

跟上述的「當沖」一樣，用看的都覺得相當簡單，但實際操作可沒有那麼容易。剛開始在進行放空交易時，我也曾經賺過很多次，但問題不在於如何賺錢，而是**賠錢時該如何處理？**

我曾經有一次看著生技醫療股聯合（4129）在盤中大漲 5％，心理想著：「也漲太多了吧！」、「這檔股票有這麼好嗎？」、「一定是有人在炒作！」就立刻在盤中放空它，心中已經準備好要數錢了。想不到過了一個小時，再回來看聯合的走勢時，才發現他已經來到漲停板。

此時我的買單仍有上千張，所以我無法買到股票來回補它。

　　結果收盤後營業員打電話來，說我戶頭的錢不夠、必須補足差額，不然就會違反信用違約。害我還得去跟家人借錢來調度，想當然耳被罵了一頓！

　　從此以後，我認清「放空、放空、口袋也空空」這句話，不再進行放空交易。

　　進行當沖及放空的這一段投資時間，總是令我膽顫心驚，左驚大戶進場、刻意拉抬，右怕媒體放出新聞炒作，即便設下停損點，也很常碰到上沖下洗的情況。最大問題的是影響交易情緒，較容易做出錯誤的決策，根本無法安心抱緊。而且在台股這10年來大多頭的情況下，進行逆勢放空更實為不智之舉，所以當時的投資績效一直不上不下，大多數的交易都是以虧損收尾。

　　分析利弊得失、深入檢討原因，並且閱讀投資理財的相關書籍，接觸到股神巴菲特所實行的價值投資之道。恰好本人為數理專長，所以決意從財報數據分析開始，一步步拆解公司的競爭優勢，從其了解公司本身的真正價值，才逐漸獲利並有著穩定績效。

　　更重要的是結婚之後，需要規劃家庭預算（撫養小孩開銷＋買房＋生活花費），確認短、中、長期的現金流，除了從支出源頭來節約理財，以及擴展本業的收入之外，更需要從投資理財中獲得穩定的現金流，讓我更迫切的想要做好穩健投資，作為未來開源的管道之一。

老牛小教室

什麼是洗盤？

　　莊家為達炒作目的，必須於途中讓低價買進、意志不堅的散戶拋出股票，以減輕上檔壓力，同時讓持股者的平均價位升高，以利於施行做莊的手段，達到牟取暴利的目的。

主力洗盤的方式：

　　1. 開高走低法：

　　此種常發生於股價高到沒有人買賣，但股價一低便有大批人搶著買時，投資人可以看到股價一到高檔（或開盤即漲停）就大筆賣出手，而且幾乎是快脫手到跌停才甘心，但股價卻是不跌停，不然就是在跌停價位，不斷產生大筆買單；此時缺乏信心的人就低價求售，主力於是通通買下，等到沒有人願意再低價賣出，壓力不大時，再一檔一檔向上拉升，如果拉了一、兩檔壓力不大，可能會急速接到漲停，然後再封住漲停。

　　2. 跌停掛出法：

　　即主力一開盤就全數以跌停掛出，散戶在看到跌停打不開時，生怕明天會再來個跌停，於是也以跌停殺出，待跌停殺出的股票到達一定程度而不再增加時，主力乃迅速將自己的跌停掛出單取消，一下子將散戶的跌停拋單吃光，往上拉

抬，而其拉抬的意願視所吃的籌碼多寡而定。

3. 固定價位區洗盤法：

此種情況的特徵乃是股價不動，但成交量卻不斷擴大。其洗盤方式為：某股漲停是 25 元，跌停是 15 元，而主力會在 18 元處限價以超大量的單子掛入。這將導致一整天股價將「靜止」在 18 元和 17 元之間，只要股價久盤不動，大部分人將不耐煩拋出，不管再多的量，全部以 17 元落入主力的手中，直到量大到主力滿意為止。

4. 上沖下洗法：

隨著市場起舞，只要指數一漲就跟著買進，指數下跌就認賠賣出，時常在買進賣出的交易，卻抱不緊股票而沒賺到錢。

什麼是多頭？

1. 多頭：

即股市上漲。

2. 空頭：

即股市下跌。

3. 大多頭：

這 10 年來股市都是上漲的。

散戶投資更要抱緊處理

在重新出發之前，我們先來檢討一下究竟犯了哪些錯誤，讓自己身陷股市陷阱中，而無法抽身而出呢？市場上散戶幾乎沒能賺到大錢，總是「見漲驚驚，見跌更怕怕！」過於保守、優柔寡斷、研究不足、缺乏耐心等缺點，不僅是投資理財觀念需要加強，投資心理素質也是問題之一。總結散戶有幾個常見的問題：

1. 過分追逐明牌

台股目前有 1,600 多檔，並可分類成多達 30 種以上的產業族群，每天幾乎就有超過 50 檔以上的個股新聞（見圖表 1-1）。如果深入研究新聞中的每一檔明牌，那只會耗盡你的心力，更無所適從。所以我們要先進行過濾，目標是找出「好公司」，再來決定現在是否是「好價格」。

2. 沒有下工夫研究

無論是基金或者是股票，都有許多專業名詞，必須先知道它的意思。我當時僅靠著一知半解的知識，連基本的融資、放空等名詞都不懂，這些操作要多收融資利息或借券費用等規則我也弄不清楚，更別提財報有哪幾種與其代表的意義了。若是一知半解的進場，則難以在投資上穩健的獲利。

我也曾下過不少苦功去認識眾多技術指標，例如：KD（按：使用 RSV 的加權移動平均來計算，RSV 數據表達的是

圖表1-1　聯合新聞網每日有 50 組以上財經關鍵字，怎可能　　　一一研究！

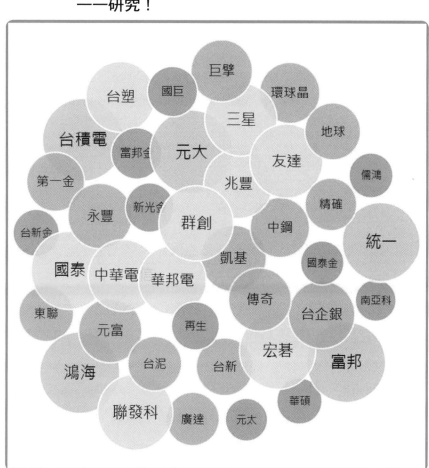

「與最近 9 天相比，今天的股價是強還是弱」）、指數平滑異同移動平均線（MACD）、RSI（按：以某段時間，股價「平均漲幅」與「平均跌幅」所計算出來的數值，可看出股價觀測時間

老牛小教室

融資融券是什麼？

融資是指投資人看好股價後勢，並向券商借錢買股票，以賺取股價上漲的價差；融券則是指投資人看壞股價後勢，因而向券商借股票賣出，以便賺取股價下跌的價差，融券也被稱為放空。

因信用交易除了須負擔手續費及交易稅外，還得依照持有期間的長短也支付借貸費用。而投資人並無預測股價短期走勢的能力，故老牛並不建議使用融資融券來進行交易。

內股票價格強勢或弱勢的指標。）等。**指標過多反而導致手忙腳亂、甚至常讓自己產生「完美錯覺」**，例如：「上影線代表上面有賣壓（按：大盤股市交易有出現大量的賣出股票的現象）我應該○○○」、「十字線代表多空交戰我則要×××」、KD 值小於 20 就可以買進」等交易訊號過多，就只會讓自己手足無措、心神不寧。忽來變去的交易方式，是無法幫助自己穩定獲利的！

3. 貪婪、恐懼及後悔等心理偏差

貪婪的投機者想要一夜致富、追求高報酬率，但時常沒有耐性，常被利多消息沖昏了頭，結果不去評估目前股價位階是否在

合理價格，而是一股腦的買進，這也是為什麼他們常買到最高價的原因。

　　散戶在投資某家公司之後，總會全神貫注在公司的一舉一動，而只要有利空新聞一出現，就將注意力集中在「股價下跌」的思維。當恐懼感一出現，就無法客觀的評估有利與不利的整體狀況，擔心股價跌得更深，只要一有消息就會驚慌失措的將股票拋出。

　　在進行交易時，我們總因為做了或沒做某些事情，而讓自己懊惱，「後悔」總讓投資者在進行交易時影響投資的判斷。所以忘記過去、目光往前看未來，當下努力做到「最佳」的考量，別又被拉進交易的低潮期。

　　綜合上述幾項常見的**心理偏差**，它們不僅影響我們的交易情緒，更影響交易績效。

4. 不懂「抱緊處理」

　　初入股市時什麼都不懂，只要股價一出現大幅震盪就開始心神不定，如果小有獲利就立刻出場，無法吃到大波段的利潤；若是大跌，就更像熱鍋上的螞蟻一般，急著想找出原因然後將其賣出。這種無法抱緊持股的滋味，往往導致虧損多而獲利少。後來才知道，「抱緊處理」的好處，是讓自己的心情不再隨之起伏，**也不會忙進忙出**。

　　以崇友（4506）為例，如果從 2014 年開始抱緊崇友 5 年的話（見下頁圖表 1-2），我們可以看到近五年的獲利狀況一年比

圖表1-2　崇友 2014 年～2018 年股利發放

年分	EPS（元）	現金股利（元）	最低價	最高價
2014 年	1.82	1	18.2	24.8
2015 年	2.47	1.5	19.5	35.95
2016 年	3.17	1.7	22.05	40.2
2017 年	4.4	2.2	34.9	60
2018 年	3.63	3.1	53	62

資料來源：台灣股市資訊網

一年提升，股利也年年增加，這五年含股利、股息的累積報酬率翻了兩倍，換算之後年化報酬率（按：即平均一年的報酬率）超過 40%，是一筆多麼棒的交易！

給你 3 招起手式，自己也能變大師

了解自己陷入哪些投資陷阱中，接下來要抽身而出，最簡單的方法就是參考投資大師的經驗，再整理成一套有效的方法。我自己還頗善於從一堆資料數據中，找出有意義的資訊，再加上閱讀過價值投資大師的書籍，於是就決定從財報為主的基本分析價值出發，尋找「價值型」的好公司。

　　除了投資價值型的好公司外，我還投資成長型的公司——就是尋找未來有潛力、讓獲利增加的企業，獲利增加就能發給股東更多的股利，股價也會隨著水漲船高。

　　「價值型」及「成長型」公司兩者的出發角度雖略有不同，但股價實則都有機會上漲，所以我們要做的，就是洞察公司的價值，在股海中找尋「價值型」及「成長型」這兩種股票。市場的短期波動會顯現投資的機會，分析研究基本面、配合正確的態度，就能判斷出具投資價值的標的，並在安全邊際足夠時進場，以降低投資風險。

　　而跟投資大師學習價值投資之道，只需要 3 招起手式：

⑤ 老牛小教室

股利是什麼？現金股利與股票股利有何不同？

　　當我們買進股票，成為這家公司的股東後，公司將去年度所賺的盈餘回饋給股東。而我們拿到的**股利，就是我們身為股東的投資報酬**。所以除權、除息當中的「除」，是「分配」的意思；除權是分配股票，除息是分配現金。

　　所以有分為股票股利和現金股利，而「股票股利」是指企業盈餘以股票的形式發放給股東。

資料來源：股感知識庫

1.「心」：培養成熟投資心態

在股市只要做對幾件事，從中淘金並不是件難事，難的是穩定獲利。因為股市中存在許多誘惑，讓那些幻想著能一夜致富的散戶掉入致命陷阱。我在剛進股市的時候，總是先注意每天收漲停板的股票，認為只要抓住它們，就能達成一日 10% 的成就。結果卻經常看到自己的股票在股價「紋風不動」時賣出，反而錯過後來大漲的時機，更加懊悔不已。所以我才說，投資最重要的是有正確的心態。

《賺錢，再自然不過》（*Trading in the Zone*）一書作者馬克・道格拉斯（Mark Douglas）告訴我們：「長期贏家與別人不同的一項特質，就是超級贏家建立了獨一無二的心態，並且維持紀律、專注，更重要的是，在逆境中保持信心、不被恐懼和交易錯誤給影響」。首先，一定要建立正確的投資心態，才能在變化莫測的股市中走得長長久久。

以技嘉（2376）為例子，其股價於 2015 年到 2017 年維持在 20 至 40 元之間，獲利穩定而且殖利率穩定在 6% 至 7% 左右，同時間競爭對手微星（2377）因為早一步切入電競領域，股價成長 2 倍。到了 2018 年因為挖礦的需求大增，使得技嘉搭上這波挖礦潮，股價也順勢上漲翻倍（見圖表 1-3，按：從 2016 年 3 月底股價為 35.5 元，到隔年同時間為 41.9 元）。

所以，**運用財務數據來挖到好股票其實不難，培養正確的心態才不簡單；善於「抱緊處理」，才能夠抓到超過 30% 以上的豐碩報酬**。倘若情緒隨著股市上下起伏，反而只會出現小賺就想

圖表1-3　技嘉 2013 年～2017 年股利

技嘉（2376）	EPS（元）	現金股利（元）	殖利率（%）
2013 年	2.48	2	6.88
2014 年	3.76	3	7.28
2015 年	3.82	2.7	7.94
2016 年	3.05	2.5	6.47
2017 年	3.64	2.6	6.2

製表時間：2019/2/13　資料來源：台灣股市資訊網

跑、大賠就套牢的情況。

2.「技」：掌握財報數據分析

　　老牛是資訊背景出身，因此對於處理龐大且複雜的資訊非常有經驗。如今做股票的人不必像我當年那麼辛苦，現在有不少的網站與工具，能幫助投資人整理營收與財報資訊，甚至以視覺化的方式呈現，讓投資人快速了解狀況，從中挖掘出有價值的資訊。

　　不要被財務報表中的眾多名詞嚇到，事實上這些名詞都反映公司的某項財務指標，將這些指標綜合起來，就能讓投資人了解公司的獲利能力，以及其成長力道。我們可以把財報數據想成人

體中的心臟，它負責將血液送往全身，為我們的身體注入動能，所以一家公司也是如此。

當然，財報分析並不單指每季公布的財務報表，還包含公司年報和每月營收、法說會（按：即國內上市櫃公司的「對法人投資機構的業績說明會」）、獲利展望等財務相關資訊，甚至要了解對手的財務狀況、研究產業發展的趨勢。因此財務分析對價值投資人來說，仍是一項不簡單的工作。不過隨著不斷的分析，也將孕育出專屬你的交易體系，也能對持有的企業更有信心，越能發揮抱緊處理的精神！

很多人好奇，財報數據是代表過去的「後照鏡」，還是洞見未來的「照妖鏡」？若連股神巴菲特都堅持每天看 500 頁的公司財報、市場上多數投資機構皆以財務數據為分析基礎，那你還能不努力研究財報嗎？

3.「體」：累積投資理財經驗

西元前 260 年，趙國當時仍是戰國七雄中相當強大的國家，趙國有一位名將叫做趙奢，他有一個兒子趙括，趙括因為父親的影響而遍讀兵書，談起用兵打仗之策滔滔不絕，連他的父親都對答不上。當時秦國剛好入侵趙國，戰事陷入僵局，趙括得到趙王的任命、成為大將軍，到前線與秦國對戰。但他在戰場上卻不知變通，最終遭到秦軍圍殺大敗身亡，趙國的 40 萬大軍也因此次的長平之役殲滅，而國勢轉弱。

以上這段歷史是要告訴大家，就算有正確的投資心態、掌握

了財報分析，若沒有實際的投資經驗，也無法長期在股市持續淘金，必須不斷的透過實戰，淬鍊出屬於自己的投資聖盃。

但從我前面當沖及放空的慘痛案例可以發現，短期震盪是難以預測的。但從圖表 1-4 美國股市近三十年來的走勢，我們可以發現，以長期的趨勢來說，股市會隨著經濟成長及科技發展而逐漸緩步走高。

從 2016 年底至本書付梓期間，因國內、外的政經動盪影響，台股也曾經歷過單日下跌百點以上的大幅回檔，但最後仍緩步向上。投資人務必沉著應對、不要因此一蹶不振！如同股神巴菲特所說：「投資是找到少數優秀的企業，然後緊抱著不動。」我也是提倡「抱緊處理」的長期投資精神。

圖表1-4　美國股市走勢圖（1985 年～2018 年）

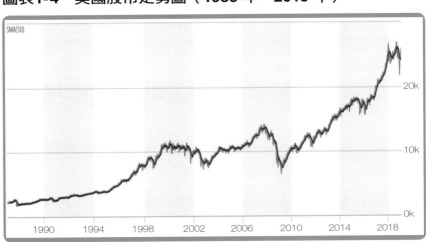

資料來源：MarketWatch

巴菲特最喜歡的持股時間：永遠

　　我從過去的例子中，看到散戶跟著許多媒體炒作出來的飆漲股，卻沒有深入了解該公司的營業產品、產業競爭力，甚至是否有深厚的「護城河」。這使得他們的股票下跌時，只能用期望或是祈禱明天會更好的消極態度去面對，直到後來才認真轉變，從書中學習正確的投資觀念及投資方式。財富買不來好觀念，而好觀念能換來億萬財富，所以說世界上最大的市場，是在人的腦海裡！

　　巴菲特說：「我最喜歡的持股時間是……永遠！」這句話也帶動市場中長期投資策略──「存股」的興起。對存股族來說，我們採取的是「買進並持有」（Buy & Hold）的策略，注重持續的現金流入，也就是**每年的股利發放**。

　　若每年的現金股利都持續增加，代表在持有的期間內，現金流像湧泉般越取越多。而且在持有的期間內，股價也能隨著時間上漲，對股東而言就更要抱緊處理。

　　雖然說「抱緊處理」看起來很容易理解，是叫你長期投資股市，就像買定存股一樣，但這種說法並非完全正確。我們可以看到，中鋼（2002）在幾年前仍被視為定存股的標的，近年來因股價表現疲弱不振，投資人才知道中鋼屬於「景氣循環股」，根本不適合當定存股。若我們觀察它的表現，即便連續 35 年發放現金股利，共計 65.21 元。但其實近十年的年化報酬率僅為 **2.4%**，不但難以展現複利效果，更無法對抗通膨。

　　抱緊處理的精神著重企業的正向發展循環：企業獲利成長→發放更多股利→帶動股價上漲，讓投資人左拿股利、右賺價差（見圖表 1-5）。

　　抱緊處理的精神也讓投資人領會到「**心中有定存股，手中無定存股**」的道理，在公司成長初期買進、擴張期進行加碼、公司股價上漲時反應其價值賣出，從長期投資中穩健獲利，如此便能逐步增長我們的財富。而其中，「**抱緊處理**」四大心法，就是用來解決投資人在股市中碰到最頭痛的問題：

1.「抱」：挑到好公司就要一直抱著（詳見第二章）

　　許多投資人在第一關「如何選股」總是抓不到頭緒，就會像我剛開始一樣，因為沒有研究、對公司不夠熟悉，而看報紙、看電視、相信別人講的飆股。我遵循的是**價值投資之道**，從歷年的

圖表1-5　企業的正向循環

公司營運、財務等相關資訊中，判斷其競爭力與護城河所在，讓投資人不會懵懵懂懂的買，而是在投資前扎實的做功課，找出能翻倍的價值成長股。

舉台積電（2330）為例，台積電的毛利率及成長率在 1,600 檔上市櫃公司中並不是最高，曾有人質疑董事長張忠謀近 90 歲的高齡，能否領導台積電前進。雖然現在張董已經退休，並接棒給董事長劉德音及副董事長魏哲家管理，台積電仍以績效來告訴投資人：我們是全球第一的晶圓代工業者，更是全球科技前 10 大的企業。

所以，挑選出像台積電這樣具有競爭力的世界級公司，一定得具備足夠的財報分析能力，以及洞見未來趨勢的能力。

2.「緊」：以好價格買進才抱得緊（詳見第三章）

投資人應該把目光放在公司所公布的財務報表，並從中推估公司的內在價值，別受到景氣而上下波動的外在價格影響。**要買在公司內在價值被外在價格所低估的情況**，此時才能用真正便宜的低價格投資高價值的公司，這樣才能安心持有、抱緊處理。

財務報表是公開的資訊，無論是外資或是相關的投顧、基金經理人及金融機構其實也都清楚，隨著股價一直往上漲，這個時候你敢買進嗎？大立光的股價從 500 元翻倍到 1,000 元，又再漲到 5,000 元，事前應該沒多少人能知道這段漲幅。所以我們才需要判斷公司價值的技巧，才能了解未來的成長性能否推升公司的股價。

身邊一位在台積電工作的朋友，最喜歡問我「台積電現在可不可以買」。我倒是風趣的反問他：「你應該有第一手的『內線消息』，應該是你要告訴我現在能不能買吧！」2014 年，台積電股價突破 120 元，創下 1996 年以來新高，市場上總是許多人認為已經到頂了，所以不敢買進。結果在這幾年又屢創新高，甚至在 2018 年站上 240 元，暫且不將股利計算進去的話，單看股價早就已經翻倍成長。判斷公司未來價值有多重要，由此可知。

3.「處」：上下震盪能處變不驚，不敗在情緒（詳見第四章）

「這個市場最不缺的就是消息」，股市每天總是遍布著利多或利空的消息，政治及經濟也會造成股價的波動，有的甚至有公司股價隨著媒體的發布而出現漲停、跌停的情況。在上沖下洗的過程當中，投資人便會因為心理偏差效應的影響，而做出自認為正確、實際上相當不理智的行動。面臨這種狀況，我們該如何處理呢？如果你對這家公司有一定程度的了解，就可以安心許多。

從過去的表現我們可以知道，台積電是一家具備強大競爭力的企業，但還是會被外在因素影響導致股價下跌，例如 2016 年 6 月，「英國脫歐」事件影響當時大盤重挫近 200 點，台積電股價也下跌 5 元之多；2016 年 11 月「川普當選」，全世界都大跌，台股也不意外的下跌 274 點，台積電更重跌 6.5 元。從現在 2018 年台積電漲幅屢創新高的股價來看，這些短期事件的影響，都像路邊小石頭般不甚重要。

4.「理」：理智配置投資組合，順勢加減碼（詳見第五章）

我看過許多朋友雖然能夠正確的找到好公司，也能買在相對低的好價格，但通常是買進第一筆後，看到股價上漲卻因為心理因素而不願加碼，結果股價就一直上去更不敢買進，這樣無法將獲利擴大；此外面對虧損時不願減碼，更不願認賠賣出，導致虧損一再擴大，影響整體投資組合的獲利績效。

如果我們在 2014 年以 12 萬元買進 120 元的台積電，再將這幾年所配發的現金股利投入，那我們在 2017 年底，總計可獲得 29 萬 5 千元的回報，報酬率高達 146%，年化報酬率為 35%。我們尋找適當的時機進場、加碼，我們就能夠擴大獲利，所獲得的回報將會更多。

投資不僅是一種行為，更是一種態度。我在股市中從「心」出發、鍛鍊「技」巧、累積「體」驗、領悟出抱緊處理精神，並且逐步實現「抱、緊、處、理」的投資心法，才將這套投資方式進一步分享給大家，希望投資人別再面臨虧損的痛苦（見圖表 1-6）。

散戶投資的致勝方程式：

「盈餘成長」＋「股利增加」＝「股價上漲」

讓我帶你實踐「抱緊處理」的精神，一起朝向財務自由的康莊大道前進吧！

圖表1-6　抱緊處理精神

抱　挑到好公司就要一直抱著

緊　以好價格買進才抱得緊

處　上下震盪能處變不驚，不敗在情緒

理　理智配置投資組合，順勢加減碼

第二章

「抱」：
挑到好公司
就要一直抱著

「研究股票價格不是一門科學，而是一項哲學。」

東周末年，一位名叫和氏的玉匠，在楚國山中發現一塊外頭裹著岩石的美玉，他先後將這塊玉石獻給楚厲王及楚武王，卻都因王室的玉匠沒有鑑識能力，而稱這塊石頭毫無價值，使得和氏被判處斬斷雙腳的酷刑；不過他並沒有放棄，直到楚文王時期，玉匠敲開裹在外頭的岩石才讓這塊美玉出世，而楚文王也命這塊美玉為「和氏璧」。

如果不夠了解玉石的特性，是無法洞察尚未展現出真正價值的寶玉。投資人如果不懂得分析財務報表，就無法鑑定公司的內在價值，最後只會被外在價格牽著鼻子走，股價下跌時擔心會不會跌得更慘；在股價上漲時，亦煩惱股價是否過高了。所以，財務報表可以告訴我們目前公司經營的現況，以及未來經營的動力。

財務報表是後照鏡，還是照妖鏡？

市場中的投資方式，大致上可以分成三個學派：「基本分析」、「技術分析」與「籌碼分析」。其中技術分析是以每日股價的表現，整理出一套價格走勢形態；籌碼分析是提供每日法人所買賣的張數，由交易數據中找出推動股價的主力。

這兩者都是屬於短期操作的觀察指標。唯有基本分析是從每月營收、每季的獲利數據、再到一整年的財報數據來觀察，供投資人找出企業的真實獲利因子，屬於長期投資的研究重點。

作為一個價值型的投資者，我們所憑藉最重要、最關鍵的一

個數據，就是公司每季發布的財務報表。財務報表到底是「後照鏡」還是「照妖鏡」，大家對此一直爭論不休。某些人認為，當財務報表發布後，已經是公司的「過去式」，然而如果你細心觀察就會發現，股價與財報是具正相關性的，投資人要從股市中穩定獲利的第一步，就是必須先深入解讀財務報表。

我們可以看到大立光（3008）在 2012 年至 2017 年間獲利成長 5 倍，不計算股利的話，光價差就翻了 5 倍以上（見圖表2-1）。以此可知，公司獲利能力的高低與股價是否也能一併上

圖表2-1　獲利增加股價上漲──以大立光（3008）為例

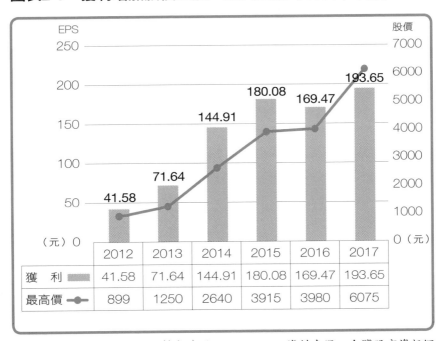

製表時間：2019/2/13　資料來源：台灣股市資訊網

漲，兩者是呈現一致的上升趨勢。若投資人能從財務報表中評斷其價值、更進一步抱緊處理的話，就能獲得「全壘打式」的報酬。

然而如同武俠小說中的修煉內功，財務報表反映出一家公司的體質，以及它的內功根基。即便股價一時間遭受市場重擊，不過對於成長力道強勁、財務體質穩健的公司，其股價大約整理三個月到半年後，就能夠再次重返榮耀。

反之，若公司成長力道疲弱或財務體質欠佳的話，只要碰上外在環境的利空來襲，套一句棒球賽的名言，股價就像「變心的女朋友，再也回不去了！」

宏達電（2498）在 2009 年智慧型手機剛開始普及時，搶先推出取得手機產業的先機，獲利及股價也隨之提升，獲利高達 73 元，超越當時的大立光、搶占股王寶座。可是到 2012 年，卻因為一連串的營運策略錯誤，造成獲利跟股價也被腰斬，讓許多投資人套牢。

其實若你懂得分析財務比率的話，就可以事先知道宏達電的**存貨周轉率已經轉差**，代表公司庫存量變高、產品銷售狀況已經出了問題（見圖表 2-2）。投資人就能憑此避開營運能力轉弱的公司，更能倖免於住入「套房」的窘境。

國中時常用的英文**翻譯機**，相信喚起許多讀者的回憶。當時學生手上的翻譯機，幾乎都是無敵（8201）這家上市公司所生產的商品。它其實已經成立將近 30 年，近年來隨著科技發展，翻譯機已不再是主力，但公司轉型卻跟不上時代的腳步，導致獲利

逐步下滑甚至遭受虧損。市場價格等於現有資產價值加上未來成長價值，無敵面臨連續六年虧損，股價腰斬再腰斬，直到股價只剩 14 元，與其淨值（按：即股票實際的資產價值。淨值越高代表股東的權益就越高）12 元幾乎一致（見下頁圖表 2-3）。所以說，**要買進股票，除了現有資產價值外，更要注重未來成長的價值。**

我們進行財務分析，是為了要檢視過去發生的事件，並且了解內部及外部的經營現況，分析未來可能發生哪些事件，所以認

圖表2-2　獲利衰退股價下跌──以宏達電（2498）為例

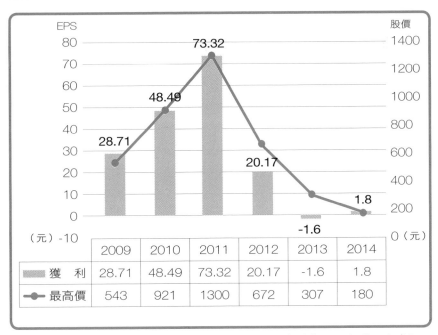

	2009	2010	2011	2012	2013	2014
獲　利	28.71	48.49	73.32	20.17	-1.6	1.8
最高價	543	921	1300	672	307	180

製表時間：2019/2/13　資料來源：台灣股市資訊網

圖表2-3　無敵（8201）股價走勢圖

資料來源：XQ 嘉實資訊

識並且理解財務報表告訴你的事情，投資人要「挑選出好公司抱緊」是股票獲利的重要關鍵之一。

俗諺說「靠山山倒，靠人人老，靠自己最好」，與其面對媒體新聞的正反消息，不如自己看懂財報，更能加強自己的持股信心。其實判斷財報數據並不會太難，只要你用心學習並且多加練習之後，便可練成三分鐘判斷公司價值的功力。

接下來，我就為你介紹三大財務報表「損益表」、「現金流量表」、「資產負債表」，這些報表都有不同的面向來切入公司的財務架構，認識各項指標所代表的意義，他們各自傳遞給投資人哪些資訊，以便各位了解財務報表的關聯性。

你可以發現其實財務報表並不難，身為散戶的你，也能看清昨日的歷史，進而掌握明日的走勢。

財務報表告訴我們的事

剛入股市的新手可能認為，財務報表都是一堆難以親近的神祕數字，需要相當的專業程度，才能從中挖掘到有用的資訊，這點並不正確。只要花心思學習，散戶就能輕鬆搞懂財報要告訴你的訊息！

財務報表是將過去的交易，用金錢數字記錄下來，所以了解財務報表有幾項好處：

（1）公司是否符合資訊揭露責任？
（2）深入了解公司的營運獲利模式；
（3）從中比較競爭對手財務資訊。

首先要知道財務報表指的是這3張報表：

一、損益表

損益表是投資人最常分析的一張報表，因為它是衡量公司當期的獲利多寡非常直觀的依據。損益表也代表著公司的獲利成果，所以從損益表中我們可以知道，在這段期間內獲得多少營業收入與其他收入，扣除營業成本、相關營業費用及所得稅後所得之盈餘。不過損益表未必能完全展現出足夠的財務資訊，所以需要其他報表的輔助，才能完整呈現公司的營運績效。

二、現金流量表

　　股神巴菲特尤其看重公司現金流量表，他偏好那些能夠「產生現金」、而非「消化現金」的公司，所以企業要真正將現金放入口袋，才能稱得上是賺錢的企業。現金流量表就是記錄在營運期間內，公司的不同現金來源，並且告訴投資人現金的用途，投資人便能夠從現金流量表中，發現其營運轉換現金的能力。

三、資產負債表

　　資產負債表能告訴投資人一家公司的財務流動性及財務狀況，讓投資人知道公司資產、負債及股東權益（按：又稱作「淨值」，會出現在資產負債表中。股東權益就是一家公司的身價。把資產全部拿去還債後，剩下的就是股東權益）等分類中各個項目的情形，例如：固定資產有多少、長期投資有多少，或是當期負債等科目的金額及比例，投資人更能夠從中獲知公司的變現能力、償債能力及資金周轉能力。

除了每股盈餘，「營益率」更關鍵

　　要說損益表中最重要的一個數字，那就非每股盈餘（Earning Per Share，簡稱 EPS）莫屬，EPS 代表公司在這一個季度中是否獲利。不過投資人往往太專注於每股盈餘，而未仔細檢視損益表中的其他數據，來審視公司的獲利能力。

　　其實 EPS 只是代表當季的獲利總和數字，而投資人需要再

$ 老牛小教室

財報的公布日期為何時？

上市公司第一、二、三季僅須申報合併財報，年度除申報合併財報外，尚須申報個體（母公司）財報。上市公司公告申報財務報表之期限如下：

一、年度財務報告：每會計年度終了後 3 個月內（3 月底前）。

二、第一季、第二季、第三季財務報告：

（一）一般公司（含投控公司）：每會計年度第 1 季、第 2 季及第 3 季終了後 45 日內（5 月中、8 月中、11 月中之前）。

（二）保險公司：每會計年度第 1 季、第 3 季終了後 1 個月內（4 月底、10 月底前），每會計年度第 2 季終了後 2 個月內（8 月底前）。

（三）金控、證券、銀行及票券公司：每會計年度第 1 季、第 3 季終了後 45 日內（5 月中、11 月中前），每會計年度第 2 季終了後 2 個月內（8 月底前）。惟金控公司編製第 1 季、第 3 季財務報告時，若作業時間確有不及，應於每季終了後 60 日內（5／30、11／29 前）補正。

拆解 EPS 的細部項目，方能知道公司營運是否穩健，在這一季為何能提升獲利。

　　營業利益是我們關注的其中一個重點，由於它是公司用營業收入扣除掉產品成本等相關費用，因此也等於公司專注於本業的指標，其數值高低代表公司本業賺錢的多寡。另外也可從營業利益率（營益率）中，看出公司的本業收入占整體營運的比例。

$$營業利益率＝\frac{（營業收入－營業成本－營業費用）}{營業收入}$$

　　以漢科（3402）為例，公司主要業務是氣體管路工程服務業，在 2013 年的營益率從 4.77％ 掉到僅剩 1.33％，股價從 30 元腰斬再腰斬到僅剩 10 幾元；但近 5 年來因為在半導體界特殊氣體供應領域，有不錯的成績，近五年的營益率反而從谷底提升近 6 倍，股價當然也隨之重返榮耀，漲幅將近 3 倍，直至 2018 年公司獲利仍持續成長（見圖表 2-4）。

　　再以半導體通路商文曄（3036）為例（見圖表2-5），從法說會營收資料上可以發現到文曄的營收逐年都有成長，而近三年的營收成長率都超過 2 成以上，可以發現其新客戶的業務挹注，使去年營收年增率高達 **44%**，最為驚人。

圖表2-4 漢科（3402）近 8 年營業利益率變化

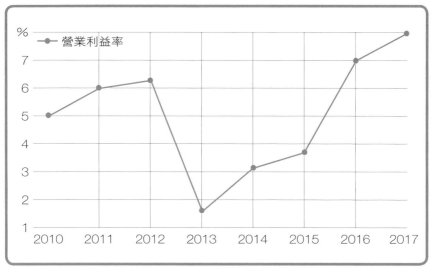

資料來源：財報狗（https://statementdog.com）

圖表2-5 文曄（3036）之營收年增圖

資料來源：法說會

圖表2-6　文曄（3036）之近五年毛利率走勢

資料來源：財報狗

圖表2-7　文曄之股價週 K 圖

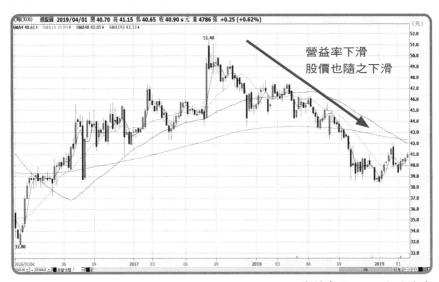

資料來源：XQ 全球贏家

　　但因為新產線毛利率偏低，再加上高毛利的工業儀器及汽車電子營收逐步下滑，也使得去年第四季毛利率大幅下滑至3.15%，來至近五年新低點。而從左圖我們也可以看到營益率及淨利率也為去年四季中最低點（見圖表 2-6、2-7）。

　　對於過去較少以財報面來診斷個股的投資新手，老牛在此以台灣股市資訊網為例說明，投資人可以用最上方的搜尋列輸入個股代碼「3036」或個股名稱「文曄」，按下股票查詢鈕就可以進到文曄（3036）的個股資訊頁面。更進一步的說明詳見圖表2-8「營益率怎麼來？」。

圖表2-8　營益率怎麼來？

第一步　登入台灣股市資訊網。

第二步　每月的營業收入可點選功能列上的「**每月營收**」，即可查看文曄的每月營收狀況。

第三步　詳細營收內容則會出現在裡面，包含營收金額、月增率、年增率……等資訊說明。

基本分析	籌碼分析
個股市況	法人買賣
經營績效	融資融券
資產狀況	現股當沖
現金流量	股東結構
每月營收	持股分級
產品營收	董監持股

月別	當月股價						營業收入						合併營業收入					
							單月			累計			單月			累計		
	開盤	收盤	最高	最低	漲跌(元)	漲跌(%)	營收(億)	月增(%)	年增(%)	營收(億)	年增(%)		營收(億)	月增(%)	年增(%)	營收(億)	年增(%)	
2019/03	40.05	40.65	40.7	39.3	+0.55	+1.37	226.4	+21.4	+27.7	674.7	+35.9		226.4	+21.4	+27.7	674.7	+35.9	
2019/02	41	40.1	42	39.65	-0.75	-1.84	186.5	-28.8	+68.4	448.3	+40.5		186.5	-28.8	+68.4	448.3	+40.5	
2019/01	38.95	40.85	41.15	38.4	+2.05	+5.28	261.8	+15.3	+25.7	261.8	+25.7		261.8	+15.3	+25.7	261.8	+25.7	
2018/12	40.45	38.8	40.95	38.4	-1.25	-3.12	227.1	-27.7	+11.7	2,734	+44.3		227.1	-27.7	+11.7	2,734	+44.3	
2018/11	40	40.05	40.65	38.85	+0.2	+0.5	314.2	-0.66	+54	2,507	+48.3		314.2	-0.66	+54	2,507	+48.3	
2018/10	42.65	39.85	42.8	38.55	-2.8	-6.57	316.3	-9.72	+65.4	2,193	+47.5		316.3	-9.72	+65.4	2,193	+47.5	
2018/09	43.8	42.65	44.2	42.25	-1.1	-2.51	350.4	+13.4	+93.8	1,877	+44.8		350.4	+13.4	+93.8	1,877	+44.8	
2018/08	45.35	43.75	45.7	42.35	-1.4	-3.1	308.9	+64	+81.9	1,526	+36.9		308.9	+64	+81.9	1,526	+36.9	
2018/07	44.45	45.15	45.15	43.25	+0.7	+1.57	188.4	+3.16	+19.5	1,217	+28.8		188.4	+3.16	+19.5	1,217	+28.8	
2018/06	45.5	44.45	46.3	43.8	-1.05	-2.31	182.6	+0.21	+28.8	1,029	+30.6		182.6	+0.21	+28.8	1,029	+30.6	
2018/05	44.4	45.5	46.4	44.4	-1.1	+2.48	182.2	+8.68	+38	846.2	+31.1		182.2	+8.68	+38	846.2	+31.1	
2018/04	47	44.4	47.5	44.25	-2.6	-5.53	167.7	-5.47	+29.2	664	+29.3		167.7	-5.47	+29.2	664	+29.3	
2018/03	46.75	47	47.15	45.8	-0.05	-0.11	177.4	+60.2	+30.6	496.4	+29.3		177.4	+60.2	+30.6	496.4	+29.3	
2018/02	46.9	47.05	47.5	44.6	+0.05	+0.11	110.7	-46.8	-0.42	319	+28.6		110.7	-46.8	-0.42	319	+28.6	
2018/01	45.2	47	47.7	45	+1.8	+3.98	208.3	+2.48	+52.2	208.3	-52.2		208.3	+2.48	+52.2	208.3	+52.2	
2017/12	46.75	45.2	47.05	43.6	-1.85	-3.93	203.2	-0.39	+35.7	1,894	+31.4		203.2	-0.39	+35.7	1,894	+31.4	
2017/11	47.8	47.05	48.4	46.7	-0.65	-1.36	204	+6.68	+31.3	1,691	+30.9		204	+6.68	+31.3	1,691	+30.9	
2017/10	48.1	47.7	49.6	47.15	-0.25	-0.52	191.2	+5.75	+28	1,487	+30.9		191.2	+5.75	+28	1,487	+30.9	

顯示範圍：五年▼　匯出XLS　匯出HTML

第四步　若是想知道文曄的營業收入、營業成本、營業費用與營益率等資訊則需進入「**損益表**」中查看。

第五步　因為我們想知道單季的營益率，所以需先把表單調整成「合併報表－單季」，才會出現最新 2018 年第四季的單季資訊。根據此表我們就可以知道 2018 年第四季的營業收入為 857.6 億元、毛利率為 3.15％、營益率為 1.49％，且營益率較前一季的 2.01％ 下滑。

財務報表　季漲跌統計
資產負債表　月漲跌統計
損益表　其他
現金流量表　上市大盤
財務比率表　上櫃大盤
財務評分表　上一檔股票
財報比較　下一檔股票

3036 文曄 單季損益表 (合併) (單位:億元)	合併報表－單季 ▾	2018Q4 ▾	譲出XLS	譲出HTML										

本業獲利	2018Q4		2018Q3		2018Q2		2018Q1		2017Q4		2017Q3		2017Q2	
	金額	%	金額	%	金額	%	金額	%	金額	%	金額	%	金額	%
營業收入	857.6	100	847.7	100	532.5	100	496.4	100	598.4	100	508.3	100	403.6	100
營業成本	830.6	96.9	816.7	96.3	506.9	95.2	473.5	95.4	573.9	95.9	485.9	95.6	384.4	95.2
營業毛利	27.01	3.15	30.96	3.65	25.6	4.81	22.88	4.61	24.56	4.1	22.45	4.42	19.24	4.77
營業毛利淨額	27.01	3.15	30.96	3.65	25.6	4.81	22.88	4.61	24.56	4.1	22.45	4.42	19.24	4.77
推銷費用	10.82	1.26	10.3	1.21	9.94	1.87	9.12	1.84	10.02	1.68	8.29	1.63	6.41	1.59
管理費用	2.37	0.28	2.44	0.29	2.34	0.44	2.31	0.47	2.75	0.46	2.37	0.47	2.95	0.73
研究發展費用	1.02	0.12	0.99	0.12	0.83	0.16	0.84	0.17	0.96	0.16	0.7	0.14	0.79	0.2
預期信用減損損失(利益)	-0.016	-0	0.2	0.02	0.21	0.04	0.21	0.04	-	-	-	-	-	-
營業費用	14.19	1.65	13.93	1.64	13.32	2.5	12.47	2.51	13.73	2.29	11.36	2.24	10.15	2.51
營業利益	12.81	1.49	17.04	2.01	12.28	2.31	10.41	2.1	10.83	1.81	11.09	2.18	9.09	2.25

業外損益	2018Q4		2018Q3		2018Q2		2018Q1		2017Q4		2017Q3		2017Q2	
	金額	%	金額	%	金額	%	金額	%	金額	%	金額	%	金額	%
其他收入	0.35	0.04	0.16	0.02	0.066	0.01	0.1	0.02	0.23	0.04	0.097	0.02	0.07	0.02
其他利益及損失	0.31	0.04	0.044	0.01	0.35	0.07	0.31	0.06	1.13	0.19	0.5	0.1	0.11	0.03
財務成本	5.38	0.63	4.31	0.51	3.83	0.72	3.46	0.7	3.18	0.53	2.32	0.46	2.08	0.51
關聯企業及合資損益	-0.44	-0.05	-0.37	-0.04	-0.004	0	-0.22	-0.05	-0.42	-0.07	-0.19	-0.04	-0.063	-0.02
業外損益合計	-5.15	-0.6	-4.48	-0.53	-3.42	-0.64	-3.28	-0.66	-2.24	-0.37	-1.91	-0.37	-1.96	-0.48

淨損益	2018Q4		2018Q3		2018Q2		2018Q1		2017Q4		2017Q3		2017Q2	
	金額	%	金額	%	金額	%	金額	%	金額	%	金額	%	金額	%

搞懂現金花到哪去了
——「自由現金流量」

　　公司是否能夠穩定經營，取決於其資金周轉的能力，而現金流量表主要將公司現金流分成營業、投資及融資三大現金來源分析，除了知道公司是否有足夠的能力償還債務外，更可以了解資金的流動及用途。

　　所以企業憑藉營業活動獲得的現金，減去為了未來擴張產能的資本支出，稱為「自由現金流」。其若為正數，代表公司能留住現金，作為未來發放股利、還債或投資等運用。這除了可以穩定公司的財務結構外，對股東也實為好事，此外還足以應付意外

的發生。即便是金融風暴再次降臨，也有足夠的資金度過來襲的黑天鵝（按：指極不可能發生，實際上卻又發生的事件）。

> **自由現金流＝營業活動現金流＋投資活動現金流**

反之，當公司的自由現金流變成負數時，就得注意營運是否過度燒錢。若從營運中賺得的收益沒有辦法填補資金的黑洞，不僅無力再投資於未來的研究發展，更可能造成公司負債增加、加重利息負擔，更不可能發出股息來回饋股東！

雖然目前執政黨的能源政策，是將臺灣帶向「非核家園」及「綠能臺灣」，所以太陽能及風力發電則成為發展重點。不過查看太陽能產業的發展過往，其實這個產業相當燒錢，近十年的發展下已經燒掉超過千億，仍無法穩定獲利，這點我們只要觀察自由現金流量就可以知道了。

以太陽能中游產業的新日光（3576）為例，公司主要業務是太陽能電池製造及太陽能模組生產，從圖表 2-9 可以看到，近 8 年的自由現金流量皆為負值，代表公司長期沒有賺進現金的能力，於是這 8 年來的股價也就從 90 元跌到連 9 元都不到。

你應該很好奇為何它還可以撐到現在，答案就是借錢，公司就是處於借錢、燒錢、再借錢、再燒錢的負向循環中，持續沉淪，股價自然一蹶不振。

圖表2-9　新日光（3576）近 8 年自由現金流量

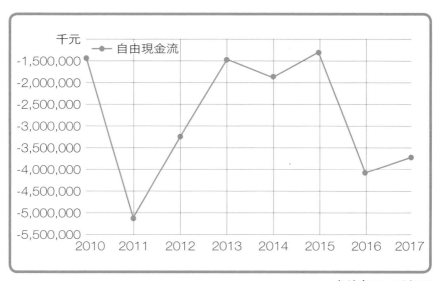

資料來源：財報狗

（備註：臺灣太陽能廠新日光〔3576〕、昱晶〔3514〕、昇陽光電〔3561〕在 2018 年 10 月三家公司合併後，成立聯合再生能源股份有限公司。）

以臺灣超商龍頭──統一超（2912）作為例子，統一超屬於生活投資類型股票，強大到民眾已經離不開它，無論是購物、繳費、列印等生活需求，去統一超就對了。

統一超的自由現金流也十分穩定，近 8 年皆是正值且每年均超過 80 億元，公司本身營運賺來的現金就相當穩定，還有剩餘的自由現金可以靈活應用，這樣穩健的公司股價也就不意外的翻倍、再翻倍，屢創新高（見下頁圖表 2-10）。

圖表2-10　統一超（2912）近 8 年自由現金流量

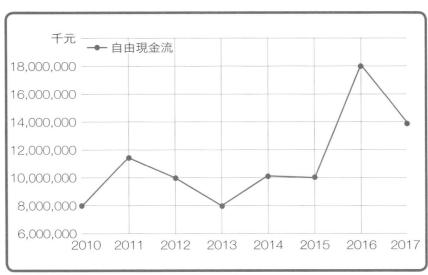

資料來源：財報狗

巴菲特最看重的營運指標──「股東權益報酬率」

　　股神巴菲特說：「投資的祕訣，不是評估某一行業對社會的影響有多大，或者發展前景有多好，而是一家公司有多強的競爭優勢、這優勢可以維持多久。當產品和服務的優越性持久而深厚時，才能給投資者帶來優渥的回報。」因此巴菲特最為看重的，就是如何評估公司的價值，以及能夠長期獲利的競爭力。

　　單從 EPS 來看公司的營運能力，會有偏頗疏漏之處，所以巴

菲特最喜歡用股東權益報酬率（Return On Equity，簡稱 ROE）
來比較。

$$ROE = \frac{淨利}{股東權益}$$

　　這個指標衡量公司的淨利占股東權益的百分比，告訴投資
人，公司拿股東資金來用心經營後，所創造的利潤程度，也可
以說是公司賺錢效率的指標。如果公司善加運用資源的話，其
ROE 就越高。通常來說，ROE ＞ 10％ 就屬於營運良好的公司，
而那些能穩定獲利一年、數年，並且將 ROE 維持在 20％ 以上
者，更是績優企業。

　　儒鴻（1476）從 2010 年開始，便展現其成長力道；它以稅
後淨利成長 5 成以上的力道崛起，每年的 ROE 也穩定在 20％ 以
上。若投資人提早從 ROE 觀察到儒鴻在產業上的競爭力，這筆
投資就能帶給你超過 10 倍以上的報酬（見下頁圖表 2-11、圖表
2-12）。

圖表2-11　儒鴻（1476）近 8 年近 4 季 ROE

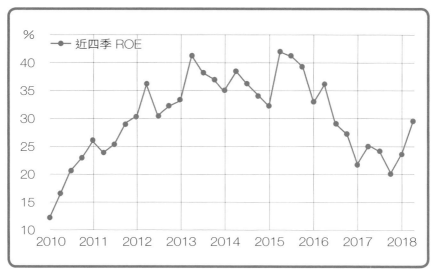

資料來源：財報狗

圖表2-12　儒鴻（1476）股價走勢圖

資料來源：XQ 嘉實資訊

速度決定成長的力道
——「營運週期」

　　營運一家公司所進行的商業流程，主要是製造產品、賣出商品，然後向對方收取現金。倘若公司能增進貨物出售的效率，以及加速現金入帳的速度，投資人便能從中觀察公司是否有成長的契機，這個財務指標便是「營運周轉天數」。此數值越小越好，表示公司能夠高效的賣出商品，並且迅速的回收現金。

營運周轉天數＝存貨周轉天數＋應收帳款周轉天數

　　拆解營運周轉天數，可以看到存貨周轉天數及應收帳款周轉天數這兩個數值，而營運周轉天數是分析企業營運能力的關鍵指標。存貨周轉天數代表從產品消耗成本、生產運輸至賣出銷售的過程期間；應收帳款周轉天數，則代表銷售商品所得之貨款入帳的期間。

　　因為許多財務比率需要不少的計算，並且所需要用的數值跨越不同的報表，例如，應收帳款周轉天數及存貨周轉天數需要參照損益表及資產負債表，計算較為繁複。幸好網路上有許多工具可以幫助我們便於使用，在台灣股市資訊網中就有財務比率表之功能。以聯強（2347）為例：

圖表2-13　如何找出一家公司的營運周轉天數？

第一步　於台灣股市資訊網搜尋 2347。

資產負債表	月漲跌統計
損益表	其他
現金流量表	上市大盤
財務比率表	上櫃大盤
財務評分表	上一檔股票
財報比較	下一檔股票
	回到首頁

第二步　我們可以看到紅框處，將 2018Q4 應收帳款收現日數代表應收帳款周轉天數（61.07 日）、平均售貨日數則代表存貨周轉天數（38.14 日），將營運周轉天數則為兩者相加的 99.21 日。

經營能力	2018Q4	2018Q3	2018Q2	2018Q1	2017Q4	2017Q3	2017Q2	2017Q1	2016Q4	2016Q3
營業成本率	96.22	96.31	96.36	96.33	96.47	96.4	96.28	96.1	96.46	96.58
營業費用率	2.37	2.23	2.32	2.25	2.18	2.3	2.47	2.48	2.29	2.26
應收帳款週轉率 (次/年)	5.98	5.77	5.72	6.01	6.08	5.98	5.66	5.88	6.2	6.24
應收款項收現日數 (日)	61.07	63.3	63.78	60.7	59.99	61.06	64.51	62.11	58.83	58.5
應付帳款週轉率 (次/年)	8.17	8.31	7.72	8.21	8.47	7.56	7.88	8.14	8.96	9.03
應付款項付現日數 (日)	44.67	43.93	47.25	44.43	43.11	48.31	46.33	44.83	40.72	40.43
存貨週轉率 (次/年)	9.57	9.9	9.1	9.65	10.05	9.26	8.5	8.66	9.59	10.06
平均售貨日數 (日)	38.14	36.89	40.13	37.81	36.31	39.43	42.96	42.13	38.04	36.29
固定資產週轉率 (次/年)	55.63	55.46	51.97	51.8	53.2	50.27	46.59	45.79	49.32	48.23
總資產週轉率 (次/年)	2.68	2.66	2.56	2.63	2.73	2.58	2.45	2.47	2.61	2.6
淨值週轉率 (次/年)	7.97	8.04	7.65	7.5	8.04	7.7	7.23	7.11	7.81	7.79
應收帳款佔營收比率 (季累計)	16.9	23.94	34.62	61.98	17.43	22.74	34.87	62.65	16.41	21.23
應收帳款佔營收比率 (年預估)	16.9	17.95	17.31	15.49	17.43	17.06	17.44	15.66	16.41	15.92
存貨佔營收比率 (季累計)	10.65	13.21	22.22	39.23	9.96	14.69	23.9	44.77	9.82	11.61
存貨佔營收比率 (年預估)	10.65	9.91	11.11	9.81	9.96	11.02	11.95	11.19	9.82	8.71

　　第三步　而我們要比較前一季的營運周轉天數是增加或是減少，經過計算之後可得的 2018Q3 的營運周轉天數為 100.19 日，把第四季與第三季相比略為減少，可說是第四季的營運表現約略勝於第三季，表現平平。

　　相關公式如下：

$$應收帳款周轉率 = \frac{銷貨收入（金額）}{（期初應收帳款〔金額〕＋期末應收帳款〔金額〕）／2}$$

$$應收帳款周轉天數 = \frac{365（天）}{應收帳款周轉率}$$

$$存貨周轉率 = \frac{銷貨成本（金額）}{（期初存貨〔金額〕＋期末存貨〔金額〕）／2}$$

$$存貨周轉天數 = \frac{365（天）}{存貨周轉率}$$

如果存貨周轉天數持續升高，代表銷售能力衰退；反之，存貨周轉天數持續減少，就代表銷售能力上升。而食品產業的產品有時效性，所以存貨周轉天數一般來說偏低，例如屬於食品產業的卜蜂（1215），其存貨周轉天數僅有 30 天左右（見圖表2-14）；營建業所生產的是房子，所以存貨周轉天數則偏高，例如屬於營建業的遠雄（5522），其存貨周轉天數就超過 3 年至 5 年之久（見圖表 2-15）。

　　然而企業進行交易時不可能全部用現金，所以在銷售產品給顧客的過程中，會出現一堆應收帳款。應收帳款周轉天數是指從營收帳款的產生、回收，變成現金入帳所需要的期間。若應收帳款無法拿到、時間一拖再拖，便會成為呆帳，造成公司營運資金周轉的困難。畢竟做生意能收到口袋的，才算是真正賺到錢。

　　所以上述的存貨周轉天數及應收帳款周轉天數的加總，稱為「營運周轉天數」，而營運周轉天數越短，則代表企業的競爭力較強。

　　為什麼不能單看存貨周轉天數，或者應收帳款天數？這是因公司特性不同，而可能會造成偏誤。

　　以好樂迪（9943）為例，這種服務業為導向的公司相對來說存貨的比例不高，存貨周轉天數變化也相對較緩和，所以單以存貨周轉天數來分析，可能較不恰當。反之，像中華電（2412）這種電信業的特性是以收取現金為主，應收帳款比率較低，應收帳款周轉天數變化也就相對平穩。所以投資者了解其公司屬性，才能做出正確的解讀及判斷。

圖表2-14 卜蜂（1215）近 8 年存貨周轉天數

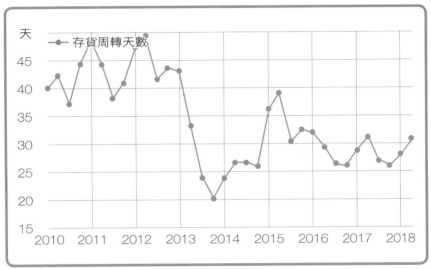

資料來源：財報狗

圖表2-15 遠雄（5522）近 8 年存貨周轉天數

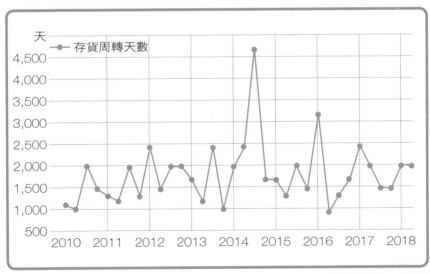

資料來源：財報狗

另外也別因為週轉天數出現 1、2 天的增加而過於擔憂，事實上一家公司可能因為當期出現收款不利，或出貨不順等原因，而使得營業周轉天數出現小幅上揚，屬正常現象。投資人要關心的是，營運周轉天數是否長時間出現大幅上揚而偏離正常軌道，這才會影響一家公司的營運獲利能力。

此外，因產業結構及習性不同，所以建議營運周轉天數，只用於比較單一企業的過去數值，而不適用於不同企業。我將於本章最後分析花仙子與崇友，讀者可以從其中的營運周轉天數，來了解當中的差異。

投資人的安全邊際──「殖利率」

每年的 3 月到 5 月，公司會陸續公布去年財報與今年股利發放的結果，投資人期盼公司將獲利轉為股利回饋給股東，尤其是吸引人的現金股利。

價值投資之父班傑明・葛拉漢（Benjamin Graham）認為，投資人購買公司股票的目的，就是賺取適當的報酬，除非企業保留盈餘能創造的價值，超過將股利發給股東的價值，否則企業應將盈餘以股利方式發給股東。

與美國市場不同，臺灣投資人偏好企業將盈餘以現金股利的方式直接回饋給股東。一旦企業發出高額股利，使得殖利率提高，投資人也會爭相買進這些高殖利率股票，進而推動公司股價上漲，間接造成許多企業都有高盈餘發放率的情況出現。

但事實上，大部分的企業考慮到未來的環境變化，而保留部分盈餘，不會將全部的獲利轉換成股利、發放給股東，以免公司發生資金周轉不靈的狀況；抑或是為了進一步研究發展，而保留部分盈餘作為其它投資之用，例如：新產品的研發、購地蓋廠房等支出。

總的來說，公司發放現金股利的原因，主要有幾種：

1. 公司營運成果回饋股東。
2. 公司現金充沛，不影響營運。
3. 投資人偏好。

$$殖利率＝\frac{股利}{股價}$$

以股價的角度來看，若是股價上漲，造成殖利率下滑，投資人可賺取「價差」；反之若股價下跌，則「表面上」殖利率上升，但投資人卻是遭受價差損失。

以股利的角度來看，公司若提撥較多的股利發放給股東，公司便可能減少擴廠、研發或行銷等正向用途，反而影響到公司的未來成長性。所以如何看待殖利率的合理性，仍須研究未來該產

業的發展性，才不會侵害到股東的權益。

所以說，投資人要有「高殖利率不等於高報酬率」的觀念！如果公司或產業不具有成長性、獲利逐年步步衰退時，股利的發放額度也會變少，結果股價也下滑，投資人便「賠了股利還賠上價差」。

以其祥－KY（1258）為例，從圖表 2-16 可以看出這幾年因為獲利衰退，股價也隨之下滑，現金股利也跟著縮水。

若公司年年增加發放的股利來回饋股東，我們就要抱緊處理。倘若股利大幅減少或不發放，則需要考慮減碼。例如：2016年，潤泰新（9945）轉投資南山人壽，因未實現資產減損擴大，

$ 老牛小教室

KY 的股票是什麼意思？

外國企業將其股票在臺灣上市掛牌，並以臺灣作為其主板上市之市場，稱為第一上市公司。外國企業多屬控股公司型態，而且控股母公司多註冊於開曼群島（Cayman Islands），其在臺灣上市之股票代號會標註、簡稱其為 KY（例如：TPK-KY），故臺灣股市投資人一般通稱外國第一上市公司為 KY 股，截至 2019 年 4 月，已有 115 家 KY 公司在臺上市（櫃）。

參考資料：證交所

圖表2-16　其祥—KY（1258）獲利逐年衰退，股利縮水，股價也隨之下跌

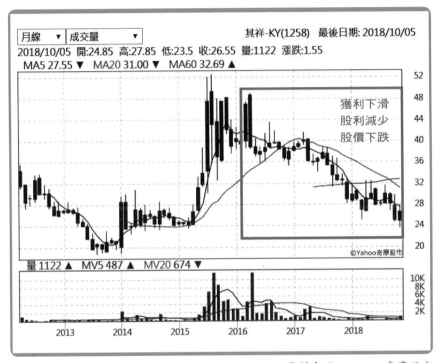

資料來源：Yahoo 奇摩股市

造成潤泰新帳上虧損，而宣布不發放股利。之後該股價立刻重挫3成，且近1年內股價皆在低檔徘徊（見下頁圖表2-17）。

投資人回本的速度──「本益比」

本益比是以股價除以每股盈餘，通常作為投資人觀察一家公

圖表2-17　潤泰新（9945）宣布不發股利後股價下跌

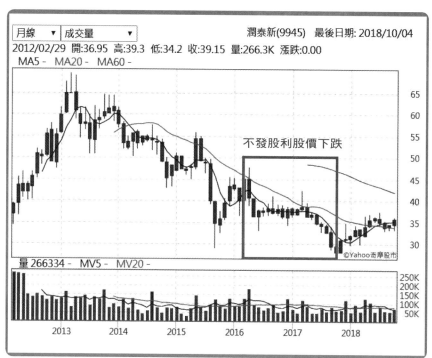

資料來源：Yahoo 奇摩股市

司便宜或昂貴的指標。以投資的角度來看，本益比就是投資該公司後幾年能夠回本，也為報酬率的倒數。

　　假設公司股價為 10 元，每年賺 1 元的話，代表 10 年能夠回本，年報酬率為 10％；若公司獲利翻倍提升至 2 元時，只需要 5 年就回本，報酬率提升至 20％。所以在接近合理本益比的條件下，較低的本益比通常代表投資的潛在報酬較大。

$$本益比 = \frac{股價}{每股盈餘}$$

而通常具備高本益比的企業特性為：

1. 在市場中，企業具有獨特的護城河優勢，能夠穩定獲利。
2. 市場預期獲利會出現爆發性成長。
3. 前一年度出現特殊事件，使得前一年度獲利降低。
4. 股價被市場高估。

那些低本益比的企業則是被認為：

1. 處於競爭性的產業，獲利較不穩定。
2. 市場預期獲利相較去年將維持平穩，成長性不高。
3. 前一年度出現特殊事件，使得前一年度獲利增加。
4. 股價被市場低估。

不同產業享有的本益比不同，而具有高成長潛力的公司，其合理的本益比值也將較高。例如電子產業的本益比大都高於傳統產業（見下頁圖表 2-18）。

圖表2-18　不同產業的個股在 2017 年的本益比區間

公司（股票代號）	產業	本益比區間（2017 年）
台積電（2330）	半導體	13.5～18.5
陽明（2609）	航運	28.6～103
華固（2548）	營建	7.62～9.28
中信金（2891）	金融	9.16～10.9
台塑（1301）	傳產	11.1～12.7

資料來源：台灣股市資訊網

即便是相同產業，其同業之間本益比也未必相同（見圖表 2-19）。

圖表2-19　航運類股在 2017 年的本益比區間

公司（股票代號）	本益比
長榮海（2603）	5.69～11.9
裕民（2606）	20.9～34.9
陽明（2609）	28.6～103
華航（2610）	22.6～33.5

資料來源：台灣股市資訊網

獲利穩定及趨勢方向決定股價的走勢

2017 年開始的被動元件缺料潮（按：主動元件為 IC 晶片、存儲器及二極體等。被動元件則是一種不會產生電力，但會耗用、儲存及／或釋放電力的電子元件，例如電阻器、電容器、電感器，合稱為「三大被動元件」），使得被動元件龍頭國巨（2327）在 2017 年第一季起，其獲利逐步翻倍成長，一年內股價也從百元出頭的價格翻漲超過 10 倍，最高來到 1,310 元的價位。不過因為營收成長力道的消逝，股價也出現連續下跌（見下頁圖表 2-20），所以說維持獲利穩定性才能使股價不會大幅震盪，也不會偏離合理價格太遠。

如果單看國巨財報數據的話，可以發現這家公司的獲利非常好，股價反倒急邊往下，主要原因在於未來成長的獲利動能已出現減緩，甚至在未來還有利空存在。這也是為什麼許多人詬病「財報為後照鏡」，因為他們只看到表面上的獲利，卻不深入研究財報想告訴投資人的完整訊息。所以除了獲利的穩定性外，在面對這些財務數據時，我們不僅得尋找有獲利的公司，還必須注意他們的獲利走向，到底是向上提升還是往下沉淪。

如何判斷一家公司未來近期的獲利動能？2018 年，單看國巨的營收年增率的確相當驚人，但以營收月增率的成長性角度來觀察的話，在 6 月時公布 5 月的營收月增率高達 31.3%，股價也推升至 1,000 元以上。不過接下來發現在 6 月的時候成長動能已逐步減緩，股價開始出現逆轉下跌，甚至在 9 月營收出現營收月

圖表2-20　國巨（2327）股價走勢圖

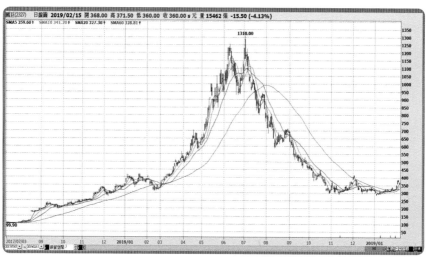

資料來源：XQ 嘉實資訊

增率為 -3.28%，股價也就腰斬至 500 元以下。營收月增率僅為判斷公司獲利動能的其中一項參考資料。

此外，中電（1611）就是我們熟知的東亞照明，該公司成立 60 年之久，主要產品為照明設備。在 2017 年前三季累積 EPS 仍為 -0.42 元，不過在 2017 年第四季卻轉為大幅獲利，單季 EPS 為 1.97 元，使得全年度轉為獲利 1.55 元。此時搭配媒體利多消息的發送，使得許多未深入研究財報的散戶搶著買進，股價也從 10 元拉抬至近 15 元。

然而事實上，2017 年第四季的獲利全是因為賣土地所得的業外收入，與公司本業營運根本無關。結果陸續公布營收不好，

以及 2018 年第一季、第二季財報公布獲利仍為虧損等消息之
後，股價又回跌至 10 元。而當時買進中電的散戶，也就被迫住
進套房之中（見圖表 2-21）。

　　所以投資人在進行財報分析時並不是注意它的絕對值，而是
有區間的概念，當初我在剛進入財報分析時，只憑著損益表的
EPS絕對值較去年獲利好，就認為股價應該往上，結果卻發現不
是那麼一回事。

　　就拿公司受到淡、旺季的季節性因素影響來說，淡季時營收
降低、獲利減少、財報數值轉差；旺季時營收提升、獲利增加、
財報數值就變好了，獲利及財報數值會在一個區間內上下跳動實

圖表2-21　中電（1611）股價走勢圖

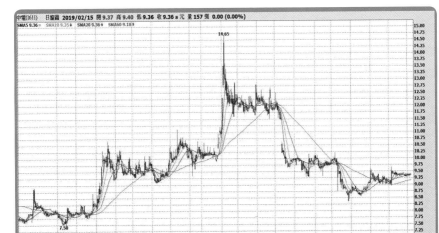

資料來源：XQ 嘉實資訊

屬正常現象，投資人可別為此大驚小怪。除了考慮淡、旺季因素影響外，也得將原料市場等因素納入考量。

所以投資人在進行財報分析時必須靈活應用，才能找出讓公司體質惡化的兇手，例如毛利率下降、現金短缺、存貨提升、負債增加等原因，都可能造成公司的未來競爭力下降。所以提升分析財報的功力，充分的了解財報數據、找到正確的投資方向。

選出隱形冠軍的財報檢查表

有關財報中的幾項財務指標，我建議新手可先把下列這 10 項指標，作為篩選股票的濾網（見圖表 2-22），若該公司股票有 5 個以下（含）符合該指標，先持觀望態度；6 個以上（含）則為適合投資的好股，可以抱緊處理。除了減少篩選結果外，篩選出來的公司其體質也相對比較好，如此就能立於不敗之地。等到熟悉各項財務指標的意義、懂得如何運用時，再來降低門檻或增加選股條件。

5 個以下（含）→觀望態度
6 個以上（含）→抱緊處理

從第 92 頁圖表 2-23 我們可以發現，被選出來的公司有許多資優生，除了台積電（2330）跟大立光（3008）等大型股之外，還有一些表現優異的中小型股也名列其中，例如：花仙子

圖表2-22　選出隱形冠軍的財報檢查表

編號	指標	意義
1	EPS 為正數	買進有賺錢的公司，最好是每年能賺進 EPS 超過 2 元以上。
2	本益比＜15倍	適當的本益比，而非變成存在於未來幻想中的本夢比。
3	連續 5 年以上發放現金股利	持續穩定發放現金股利回饋股東。
4	本業收益＞業外收益	專注於本業獲利上，而非用非本業的方式投資營利。
5	近五年自由現金流量平均為正數	穩定的正向現金流，有助於提升公司財務體質。
6	ROE＞15%	不只是對高回報的股東權益，也代表公司強勁營運能力的展現。
7	負債比＜50%	負債比例較低，讓公司不會被高額利息拖累。
8	營益率＞10%	從本業的產品銷售中，能獲得不錯的回報。
9	營運天數較前一季為佳	代表公司生產銷售流程改善，並且收款效率提升。
10	毛利率＞30%	產品有足夠高品質及水準，才能維持高毛利，而非殺價式競爭。

圖表2-23　個股符合之指標

編號　　個股（代號）	台積電（2330）	大立光（3008）	花仙子（1730）	崇友（4506）	中華食（4205）
1. EPS	●	●	●	●	●
2. 本益比				●	
3. 現金股利	●	●	●	●	●
4. 本業收益	●	●	●	●	●
5. 現金流量	●	●	●	●	●
6. ROE	●	●	●	●	●
7. 負債比	●	●	●	●	●
8. 營益率	●	●	●	●	●
9. 營運天數	●	●			●
10. 毛利率	●	●	●	●	●

（1730）、崇友（4506）、中華食（4205）等。這些公司在近幾年中，都帶給股東將近翻倍、甚至超過 2 倍以上的報酬率。

接下來，以花仙子（1730）為例（見圖表 2-24、下頁圖表 2-25）：

圖表2-24　花仙子（1730）近 5 年自由現金流量

單位（億元）	2017	2016	2015	2014	2013
自由現金	1.26	2.37	0.97	0.3	2.17
平均值			1.41		

製表時間：2019/2/13　資料來源：台灣股市資訊網

要分析花仙子必須從 2016 年開始說起，由於我自己比較常抱電子股，因此當時在選股時，突然跳出這支生活消費型股票讓我有點意外。深入了解之後才發現，原來我家每天都用的好神拖，就是花仙子的熱銷商品之一。

花仙子在 2014 年、2015 年及 2016 年的營收屢創新高，再加上財報數據的確有所成長，所以也名列於我的抱緊股清單中。當時便以 36 元的價位買進，而始料未及的是，花仙子在 2018 年出現爆發性成長，股價也就將近翻倍。

接下來，看到臺灣第二大電梯品牌供應商：崇友（4506）。崇友每年除了新梯銷售營業收入外，還有售後維修保養的穩定收入，並不會因為景氣循環而影響主要營收，所以在定存股中屬於

圖表2-25　花仙子（1730）之指標分析

編號	指標	是否符合	備註
1	EPS 為正數	✓	2017 年的 EPS 為 3.13 元，已連續 17 年持續獲利。
2	本益比＜15倍		2019 年年初的本益比為 20.8 倍（65.4／3.13＝20.8），因為花仙子在2018 年股價漲了 57%，所以拉高本益比。 倘若以 2017 年的數據來看，當時花仙子的本益比介於在 12～13 之間。
3	連續 5 年以上發放現金股利	✓	連續 14 年配發現金股利。
4	本業收益＞業外收益	✓	本業收益 2.05 億元。 業外收益 0.54 億元。
5	近 5 年自由現金流量平均為正數	✓	近 5 年自由現金流量平均為 1.41 億元（見上頁圖表 2-24）。
6	ROE＞15%	✓	ROE為 15.2%。
7	負債比＜50%	✓	負債比為 31.5%。
8	營益率＞10%	✓	營益率為 14.9%。
9	營運天數較前一季為佳	✓	2018Q3 營運周轉天數為 158 天。 2018Q2 營運周轉天數為 168 天。
10	毛利率＞30%	✓	毛利率為 44%。

穩定成長的典範（見圖表 2-26、下頁圖表 2-27）：

圖表2-26　崇友（4506）近 5 年自由現金流量如下表

單位（億元）	2017	2016	2015	2014	2013
自由現金	9.26	4.78	3.86	3.08	1.08
平均值			4.41		

製表時間：2019/1/29　資料來源：台灣股市資訊網

　　一年之中，我們應該至少多久以這十大指標，重新檢視手上的投資組合呢？

　　老牛所提供之選出隱形冠軍的十大指標，建議讀者要在每季的財報公布之後，就得定期為持股做一次財報健檢。除了能夠從中觀察財報數據的變化之外，還能再對持股的獲利狀況有更深入地了解。

　　另外我不建議對財報數據過於「大驚小怪」，例如看到營收少了 5%，或毛利率掉了 1% 就認為要趕快賣出，這違反抱緊處理的原則。反而應當深入了解是否只是因為季節性因素，或一次性利空所影響，與前一年度相比才知道並非為長期效應，可能下一季就回復正常水準。

　　倘若是財務數據出現連續兩季以上的大幅下滑，可能這家公司的財務品質已經受到不小的影響，此時要先重新估算公司的價值，再來決定是否要繼續持有才比較合理。

圖表2-27　崇友（4506）之指標分析

編號	指標	是否符合	備註
1	EPS 為正數	✓	崇友自 1997 年上市迄今已 21 年，2017 年的 EPS 為 4.4 元，連續21年持續獲利。
2	本益比＜15 倍	✓	以當時的收盤價及獲利來看，目前本益比為 13.1（57.9／4.4=13.1）倍。
3	連續 5 年以上發放現金股利	✓	從上市以來連續 21 年配發現金股利。
4	本業收益＞業外收益	✓	本業收益 7.69 億元。業外收益 2.12 億元。
5	近 5 年自由現金流量平均為正數	✓	近 5 年自由現金流量平均為 4.41 億元（見圖表 2-26）。
6	ROE＞15%	✓	以 2017 年的財報數據來看，ROE 為 21.7%。
7	負債比＜50%	✓	以 2017 年的財報數據來看，負債比為 34.9%。
8	營益率＞10%	✓	以 2018 年第三季的財報數據來看，營益率為 18.1%。
9	營運天數較前一季為佳		2018Q3 營運周轉天數為 286 天。2018Q2 營運周轉天數為 180 天。
10	毛利率＞30%	✓	根據 2018 年第三季的財報數據，毛利率為 31%。

製表時間：2019/1/29　資料來源：台灣股市資訊網

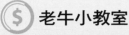

老牛小教室

年度財報投資人關注重點表

1月：去年營收公布，估算去年整年 EPS。

3月：年報公布，估算今年殖利率。

5月：Q1 季報公布，並觀察股東會所發布之股利訊息。

8月：半年報公布，找出上半年很旺並推算下半年有機會成長的公司。

11月：Q3 季報公布，檢視整體投資組合。

股海老牛這樣抱緊處理

1. 別被高殖利率的招牌給騙了

近年來許多公司打著高殖利率的招牌，投資人被「高殖利率」這句話給引誘。其實每年的股價皆有高低不同，因此殖利率高，隱含著高股利或低股價之雙層意義，重點還是公司的穩定能力及獲利前景，所以我建議觀察每季財報，了解公司未來發展。

2. 以區間看待財務指標

不同的財報因角度不同而切入分析，要將損益表、現金流量

表，以及資產負債表進行綜合分析，才能全面且客觀的評價一家
公司的財務健全性。

在分析財務指標時，不要被絕對數值給帶著走，因為人事時
地物的不同，營運績效可能稍有差異，所以要用區間數值來看
待。公司不會因為毛利率較去年少了 0.1% 就陷入營運危機，更
不會因為負債比前一季高了 1% 就倒閉。

3. 財報分析只是起點，而非終點

想分析一家公司的競爭力，除了從公司所發布的財務報表
外，也能藉由法說會的資訊、報章雜誌、新聞媒體等訊息來思
考。新聞不是不能看，而是要學會如何判斷；進行選股前，投資
人須對各項指標有相當程度的了解，以免陷入為選股而選股的迷
思。要記得，這些訊息都只是投資研究的起點，而非終點。這只
是「抱緊處理」精神的第一步「抱」：挑選好公司，就讓我們繼
續往下深入探索。

第三章

「緊」：
以好價格買進才
抱得緊！

「別用便宜價買爛家具，要以合理價買最好的家具。」

2005 年，加拿大的一位年輕人凱爾（Kyle MacDonald）夢想擁有一幢自己的房子，於是利用網路社群的力量，藉著「以物易物」的方式，先從一根迴紋針與網友換到了一枝鉛筆、再用鉛筆跟其他人換到一個門把、又用門把換到一個露營火爐……經過 14 次不同的交易後，竟然換到加拿大的一幢房子。

雖然此次事件多少因為媒體的大肆渲染下，而造成誇張的結果，不過我們仍可以從中看到價格與價值之間的關係，最開始的迴紋針本身價值連一元都不到，但經過幾次的以物易物、加上媒體渲染下，其後換得物品的價格卻能夠翻倍、再翻倍。

在股市中也常見這樣的情形，一家虧損連連、其真實價值極低的公司，在新聞、分析師及投顧節目的推波助瀾下，股價一時出現強勢上漲，像極一顆泡泡般吹開；倘若散戶不知道如何分析公司的真實價值，盲目跟風買進的話，一但泡沫炸開後偏高的股價開始下跌，又旋即被打回原形、回歸到較低的真實價值，使得散戶慘遭套牢。

以「金融市場投機者」自謙的歐洲股神安德烈・科斯托蘭尼（André Kostolany），曾以狗與主人的故事，來比喻股市與經濟間的關係。狗代表股市，而主人則代表實體經濟；狗在主人的身邊跑來跑去，但還是離不開主人手上的那根繩子。就和股市一樣，股票市場的走勢經常在實體經濟發展的前頭，但會時而突然上漲，時而猛然下跌過度反應，不過最終股市走勢仍是符合經濟的發展狀況。

比照股市的外在價格與公司的內含價值，其實股票的價格經

常不符合其真實價值，而且常發生偏離。只要投資人能辨識其真實價格，就有機會從價值差距中賺取價差報酬。因此，投資人應深入研究思考「市場價格」與「真實價值」的關係，進而獲取合理的報酬。當我們用低於真實價值的價格買進公司的股票，無論後來的股價如何上下起伏，都已經立於不敗之地，只須等待股價回歸其真實價值的基準之上即可（見圖表 3-1）。

圖表3-1　市場價格在真實價值線上下來回

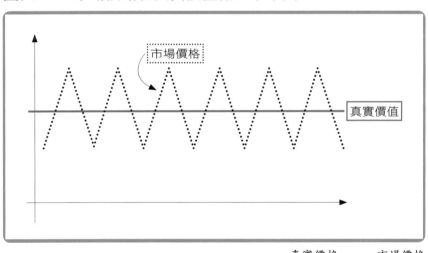

—— 真實價格　……市場價格

許多企業因為一時的國際事件，或內、外在因素影響，導致股價偏離真實價值而上下變動，例如 2016 年英國脫歐出乎意料的公投結果，導致全世界股市大跌、分析師看壞未來產業趨勢而調降公司評價等利空資訊；抑或是相反的利多事件，公司獲得大

客戶的訂單、營收較去年同期成長 10% 等利多資訊，也會造成當天股價急遽下跌，抑或是快速上漲。如此劇烈的價格變動，使得真正了解公司價值的投資人介入，來獲取價差。

　　圖表 3-2 是台積電於 2015～2017 年間的股價表現，每一年的最高價與最低價的差距，至少都有 30% 以上，甚至在2016 年時有將近 50% 的價差表現。

圖表3-2　台積電（2330）2015～2017 年股價表現

年分	最高價	最低價	價差（%）
2017	245	179	36.9%
2016	193	130	48.5%
2015	155	112	38.4%
3 年平均價差			**41.3%**

製表時間：2019/2/19　資料來源：台灣股市資訊網

　　我們也發現，幾乎所有股票在**每一年都有 20% 以上的價差空間**；也就是說，其潛在利益高達 20% 以上，回頭看台積電近三年的高低點價差，平均就高達 41.3%。

　　即便沒有辦法買在最高點與最低點，只要投資人掌握股價的相對低點，買在優惠價格，再加上公司發的股息、股利，最後在相對高點賣出，打個 8 折也能有 30% 的獲利入袋。

可是反過來說，若 2017 年 10 月，你以 245 元的價格買進台積電，不到一個月後，股價已下跌至 226 元，你將看到帳面價格虧損近 2 萬元，換算也就是 7% 以上損失，相信大概整個月的心情都不會太美麗。

所以說，如果買在「相對高」的價格，除了會降低報酬率之外，面對市場上下震盪時，更使你無法抱緊持股。你可能因為一時的外部利空因素的影響，使得股票下跌個 5%、10% 就認賠出場，而錯過接下來兩個月後上漲至 266 元的大行情。

舉例來說，一家績優的公司今年預計發出 2 元股利，投資人 A 以 25 元的價格買進，殖利率高達 8%，之後上漲至 50 元，在除息前帳面上就已經獲利一倍；但投資人 B 若以 50 元的價格買進，以股利 2 元計算，殖利率就只有 4%。

倘若在除完權息後，價格又繼續下跌到 40 元，那投資人 A 有 15 元的價差再加上 2 元股利，投資報酬率為 68%。投資人 A 此時心想，反正我的報酬率還很高，公司營運也正常，可以繼續抱緊處理；反觀投資人 B 雖然拿到 2 元股利，卻遭受跌價的損失；帳面上報酬率為 -20%，投資人 B 卻反覆在心中受到折磨、猶豫到底該不該停損。

由此可見，即便投資同一家營運穩定的公司，投資人的交易判斷卻大不相同，其中一個問題就出在**買進價格的高低**。所以說「在好價格買進才能抱緊」，也就是價值投資之父葛拉漢所強調的中心思想──「安全邊際」，確認好安全邊際，就能讓我們買在相對低的好價格。

安全邊際告訴我們的事

1934 年葛拉漢在《證券分析》（*Security Analysis*）一書中，建構出價值投資的概念，由於他在證券市場中表現優秀，而被譽為「價值投資之父」，其投資概念及方法被稱為「價值投資法」（Value Investment）。

第二章已告訴大家，如何從財務報表中的三大指標觀察企業的績效表現，並且根據過去的營運數據，分析企業獲利能力、評估公司財務體質、衡量其未來成長性等，來找出公司的真實價值。

當企業的真實價格與市場價格出現不一致的現象，兩者間的差值便是投資策略的報酬。也就是說，當目前市場價格低於該公司的真實價值時，投資人應當買進並持有，直至市場反映出其真實的價值；反之，當市場價格高於該公司的真實價值時，投資人應當選擇賣出。所以說，**價值投資的根本是找出被市場低估的價值股，只要掌握夠大的安全邊際，就有相對較高的獲利空間，以及較低的風險**（見圖表 3-3）。

我們在路上開車時需要保持安全距離，才有足夠的時間來應變突發狀況、大幅降低車禍的發生機率。投資也一樣，需要找到較大的安全邊際，以便因應各種狀況。只要買進的價格其安全邊際越大，買進股票發生虧損的可能性就越小，無論外在環境如何變化，千萬別被它給吸走目光，而更該專注於了解公司的真實價值。

圖表3-3　安全邊際概念圖

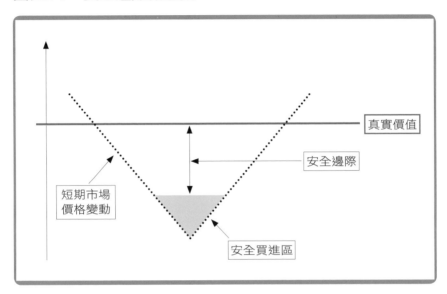

我花了不少的力氣告訴大家，如何找到「安全邊際」，接著我們再來分解「價值型投資」及「成長型投資」的差異。兩者所探求的仍在公司價值身上，不過因為著眼點不盡一致，所以有價值型投資及成長型投資之區別。投資人可以依其屬性在適當的風險下獲得較大的價差空間，並以找到讓股價翻倍的「價值成長股」當作最終目標。

價值型投資──尋找被低估的珍寶

價值型投資大師所提出的價值投資之道，就是因人的不理性

行為，讓市場存在著「過度反應」與「反應不足」之現象，以至於出現獲利空間。價值型投資人能做的，便是以基本面分析一家公司的內含價值，包含不動產、現金資產，到營運效率及賺取現金的能力，再檢視其總和內含價值是否被市場過於低估；而當股價處在不合理的價格時買進，直到市場反映其真實之企業價值即賣出，以賺取利益。

所以價值投資就是找出市場中價值被低估的公司。換句話說，就是以低廉的價格買進物超所值的股票。在投資的過程中，從頭到尾都是緊盯著公司的內含價值，而非被外在上上下下的價格變化所迷惑。

法人、分析師等專業人士認為，當公司在營運上遇到了亂流，例如貨幣升貶值、成本增加或者是業外的虧損，就會提出分析報告、降低公司評等，在市場上公開之後，就會引起一陣騷動，導致公司股票遭拋售、股價便大幅下滑。

「公司第四季銷售低於預期，導致營收低於預期。獲利方面，雖然舊品庫存有持續去化（按：房地產領域即為「銷售」的意思），可望部分回沖。2017 年第四季稅後淨利預估為 1.7 億元，季衰退 -12.2%，年成長 -80.1%，EPS 0.21 元。因營收及預估獲利均調降，故下修評等至建議賣出。目標價從 40 元下修至 33 元，潛在下跌空間為 17.5%。」投資人對以上研究報告的內容應該相當熟悉。

不過，可別輕易因這些語不驚人死不休的研究報告、媒體報導動搖，價值型投資者緊盯著財報數據，並全心專注於財報分

析；在經過十足的分析後，當有足夠的安全邊際出現時，便在相對安全的時候進場，等待公司營運的腳步逐漸恢復正常、股價也漸漸回到合理的價位，我們便能從中賺取合理的價差。

所以，價值型投資的好處是不需要隨著市場漲跌而起舞，惟有透過研究公司的基本面來了解其真實價值（見圖表3-4）。

2008年金融海嘯來襲時，中華電（2412）的股價來到最低、僅有45.6元，因為它是臺灣最大的電信公司、屬於政府特許產業，具備強大的護城河，再加上其民生產業的特性，所以年年穩定獲利，並且給予股東4元至5元的高額現金股利，成為人人眼中最有價值的定存股之一。

圖表3-4　價值型股票概念圖

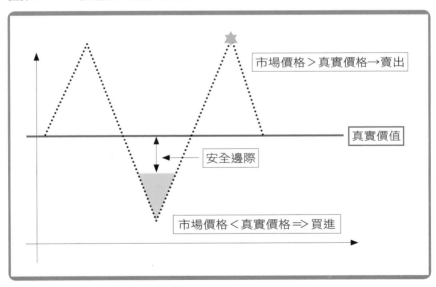

它在近十年也交出一張超過 250% 的高報酬成績單，一再驗證股神巴菲特所說的「買進並長期持有具持久競爭優勢的的股票」（見圖表 3-5），足見價值投資的強大威力。

　　不過價值型投資人或許因為過度著重於公司的現在價值，而疏於檢視企業的未來發展，所以當價格下跌至「跳樓大拍賣」的價格時，價值型投資人也會抵擋不住誘惑而持續買進。結果市場改變、產品競爭力不再等因素，逐步侵蝕公司價值，結果公司獲利一蹶不振、長期陷入低迷。此時投資人才驚覺自己早已陷入「價值陷阱」當中，只好無奈的出場停損。

　　以中鋼（2002）為例，在十多年前獲利穩健、持續發放股利、回饋股東，還有國營企業光環……在這幾個條件的加持之

圖表3-5　中華電（2412）股價走勢圖

資料來源：XQ 嘉實資訊

下，成為投資人心中理想的定存股。但在國際鋼價的下跌下，中鋼的 EPS 從原本的 3～5 元暴跌至 2 元，股價也硬生生的從最高的 54 元跌至 20 元附近，身邊就有朋友買入 40 元的中鋼股票，即便是領了多年的股利，還是賠上了不少的價差，套牢十年至今仍是負報酬（見圖表 3-6）。

圖表3-6　中鋼（2002）股價走勢圖

資料來源：XQ 嘉實資訊

　　這也告訴投資人，要認清公司的價值，如果未避開價值陷阱的話，不但無法獲利，反而會讓自己遍體鱗傷。

成長型標的——裝上渦輪引擎的企業

房地產界有句投資名言：「決定房地產價值的三個因素是地段、地段、地段。」而成長型股票所挾帶驅動股價的動能便是「成長、成長、再成長」，新產品、營收、毛利、盈餘等數據的向上提升，是成長型公司的發展主軸。而盈餘要成長，其中一個方向是將目光專注於未來新科技、新產品的發展潛能，以期能領先市場上其他競爭者。

你可能有注意到，每年至少都有一項新科技或新話題，從 3D 列印、5G 傳輸、一帶一路、人工智慧、物聯網……然後帶起相關個股的一波漲勢。

菲利普・費雪（Philip Fisher）與威廉・歐尼爾（William O'Neil）則是成長型投資的大師級人物，他們聚焦於公司的盈餘成長性，並且尋找多頭市場中，表現最優異、最強勢的頂尖股票，並且能將強勁動能轉換在獲利盈餘，例如公司內在價值成長或有著市場發展潛力，成長型投資者趨向購買這類有成長價值期望的股票。

成長股之所以吸引投資人的目光，並不是在於過去盈餘的表現，而是在未來能夠快速發展營收、持續提升盈餘，其股價上漲空間就是它們被期待的價值有多少提升的空間；未來盈餘的想像空間有多大，代表它們上漲的強度及幅度能有多大。因此，投資人要關注的成長股重點，是「成長強度」與「持續成長」的特性（見圖表 3-7）。

圖表3-7 成長型股票價值概念圖

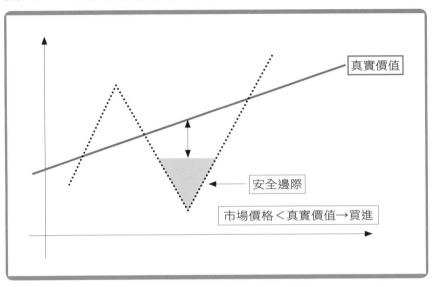

我曾在 2017 年挑出營收及獲利一同成長的「步步高升股」——超豐（2441），其主要業務為 IC 封裝及測試。它 2017 年營收成長 13％，獲利也連帶成長 11％，連續兩年繳出不錯的成績單，預估 2018 年也有將近 10％ 的成長率，這就是成長型投資者偏好的一家公司。

超豐的本益比大都持續在 8 倍至 10 倍之間，相對來說不是太高，加上每年殖利率都有 5％ 以上的表現，因此一直是大家很喜歡的低調股（見下頁圖表 3-8）。在新客戶、新製程與新晶圓偵測業務三大利多加持下，營運展望樂觀且正向成長無虞，營收與獲利更有望續創新高。從 2014 年到 2017 年，超豐的獲利提升近 11％，股價更相對上漲 35％ 之多。由此告訴投資人一件事，

圖表3-8　超豐（2441）自 2014～2017 年間的獲利表現

年分	收盤價	毛利率（%）	淨利率（%）	EPS	本益比
2014	38.45	27.8	21.9	3.98	9.23
2015	35.85	27.2	20.7	3.47	10.2
2016	39	27.9	21.2	3.94	9.56
2017	52.1	28.9	21	4.41	10.7

獲利持續穩健成長，能夠帶動股價相對成長。

　　反之，對於成長股來說，當提升盈餘的動能開始減緩、股價成長率已超過獲利成長率時，**成長型投資人便要特別重新檢視**。倘若發現可預見的未來盈餘成長性不再時，則應該考慮賣出；另外則是公司為了成長而一昧的向銀行借款來擴張營業規模，導致**負債比偏高**；若盈餘未能如預期般相對成長，反而成為未來營運的財務負擔，別為了成長而將負債都留給股東。

　　回顧雙 D 產業（記憶體與面板），當年被視為臺灣競爭力及成長性兼具的明星產業，股價也被炒得沸沸揚揚，結果在龐大的資本支出及債務利息的沉重負擔下，其獲利受到壓迫而逐年下滑，現在股價腰斬到連 30 元不到，甚至要面臨 10 元的價格保衛戰。

　　像面板雙虎之一的友達（2409）在 2007 年時的 EPS 雖然創紀錄，達到 7.22 元，且當年度最高價也來到 72.5 元，結果隔年

獲利遽降、僅有 2.5 元，股價當然隨之腰斬，而接下來十年內獲利不見成長，甚至自 2011 年起連續兩年虧損超過 500 億元，再加上財務體質不佳、負債比高達 5 成，其中更有將近千億的長期借款，每年所需償還的利息支出也將吃掉不少獲利，股價也就長期在 10 元附近游走（見圖表 3-9），不僅重返榮耀之路上挑戰重重，想突破 20 元大關更是遙遙無期。

圖表3-9　友達（2409）股價走勢圖

資料來源：XQ 嘉實資訊

所以這也是告訴投資人，**當成長股的獲利動能不再時，其股價的修正力道也會來得強又迅速**，成長股雖然能在短時間內讓股價翻倍，但相對的投資風險較高，股價急轉直下、讓投資人措手不及，所以偏好買進成長股的投資人得時時注意。

所謂的獲利動能可以從幾個重點來觀察，包含營收、獲利金額及財務比率。如果能夠增加，代表其獲利動能得以持續成長，也必須將增減之幅度大小納入考量（見圖表 3-10）。倘若如友達般每股盈餘從 10 年前可以賺 2.5 元，到現在僅剩 1.06 元，股價自然從 2008 年的最高點的 63.5 元一路下滑至僅剩 11 元。

圖表3-10　如何判斷一家公司的獲利動能？

觀察重點	備註
營收	月營收是否較前一個月增加／減少？是否較去年同月增加／減少？季營收是否較前一季增加／減少？是否較前一年同季增加／減少？
獲利金額	營業利益、業外損益、每股盈餘（EPS）是否較前一季增加？減少、是否較去年同季增加？減少
財務比率	毛利率、營益率、淨利率是否較前一季增加？減少？是否較去年同季增加／減少？

價值成長型股票
——視為首選投資標的

　　股神巴菲特說他是 85% 的葛拉漢、加上 15% 的費雪，意思為價值及成長兼具的投資方式，目標是在股海中找尋「價值成長型」公司。我們可以先學習市場上投資成功的大師，觀察他們如何面對投資這件事情，尋找價值及成長的方式，並且評估股票的

合理價值，更在相對合適的時機賣出。

　　例如：中租－KY（5871）為臺灣租賃產業龍頭，在 2016 年因中國經濟放緩等外在因素的影響下，造成股價被市場低估，甚至一度跌破 50 元，還得自家老董出來加碼護盤並且喊出「機會來了」，當時本益比僅有 8 倍，以價值型投資人來說，此時中租－KY 的投資價值已然浮現。

　　中租－KY 在接下來的幾年展現出強健獲利成長能力，在 2018 年稅後盈餘為 133.7 億元、EPS 為 10.37 元，較 2016 年的獲利相比，其成長將近翻倍，所以股價猛然飆漲、甚至名列百元俱樂部，再創歷年新高價（見下頁圖表 3-11），稱得上價值成長股的代表案例。

　　由此可見，長期投資者著重的是價值，勿被一時的價格所迷惑。對於持續獲利的公司來說，雖遭逢利空襲擊，但谷底就像一張彈簧床，股價從谷底深處一躍而上，猛然的回到真實價值的上升趨勢。

　　價值成長型股票之所以能翻倍，是因為目前價格被低估、未來又有成長性，使得股價有潛在上漲動能。價值成長型股票就是投資大師彼得・林區（Peter Lynch）所說的「10 壘安打」的股票（按：tenbagger，能讓投資人獲利 10 倍）。這種價值及成長兼具的股票相對比較不容易尋找，各種投資策略亦無法完美的劃下明確的界限，不過我們仍以第 117 頁的圖表 3-12 來區隔。

　　總的來說，老牛對這三種投資策略的綜合看法為：

圖表3-11　中租（5871）獲利成長價值回歸，股價一躍而上

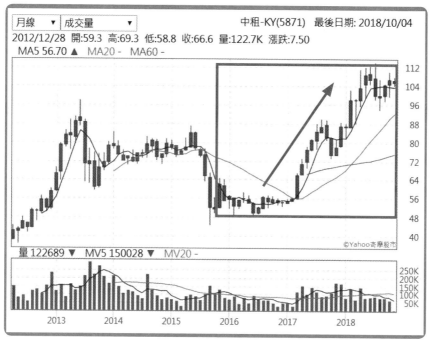

資料來源：Yahoo 奇摩股市

● **價值型投資**：公司每年以 1% 至 5% 的盈餘成長，並且持續發放高額股利，投資人在低於真實價值區買進，接著耐心等待價格回歸至合理價，投資人即收穫豐厚股利與價差利得。

● **成長型投資**：每年能有 10% 以上盈餘成長率。公司為求成長故保留多些盈餘作為投資研發資金之用，所以股利發放率較低。雖然投資人拿到的股利較少，不過能享受盈餘成長帶來的價差利得。

● **價值成長型投資**：公司每年能有 5% 至 10% 盈餘成長，公司股利隨盈餘成長逐年增加。投資人可享有盈餘成長、股利成長雙動能，帶來的豐厚果實，屬於左拿股利、右賺價差的抱緊股。

圖表3-12　各投資策略比較表

投資策略	價值型	成長型	價值成長型
切入重點	資產價值	盈餘成長	資產價值高、盈餘持續成長
尋找標的	相對便宜	相對成長	價廉兼具成長
風險	較低	較高	適中
報酬	合理	較好	翻倍

製表時間：2019/2/19

歸納估價法——注重營運穩定慣性

如何估計一家公司的股價，其實相當不容易。即使是專業的會計師，也只是計算整家公司的資產現值，而財報中所寫的淨值也只代表若公司破產，償還所有負債後投資人可獲得的資產淨值，而非市場價格、更不是公司的真實價值。

我們先以過去營運穩定慣性為基礎，來推估未來股價，以「歷史本益比估價法」及「平均現金股利估價法」為例，介紹他

們的估計方法與優、缺點。

一、歷史本益比估價法

本益比（Price-to-Earning Ratio，P／E 或 PER）指的是以目前股價除以每股盈餘所得到的數值，為投資人常作為評斷目前股價是便宜或昂貴的指標之一。

我們再複習一下本益比的算法，假設某股票目前的價格為 60 元，而過去一年的每股盈餘為 3 元，所算出的本益比則為：

$$60 \div 3 = 20（倍）$$

此數值代表著假設公司獲利年年不變的情況下，投資人的回本期為 20 年，平均年回報率是 5%（1／20），反映出投資人若長期持有這家公司的股票，可享有比定存高出數倍的收益。

然而從理論上來看，本益比越低表示，投資人能回本的年數越短，對投資人較為有利。但實際上，依照不同產業、公司體質、未來前景，所得到的本益比也不盡相同。

一般來說，未來前景較為看好的企業，預期盈餘（分母）成長的速度，能追上股價（分子）上漲的速度，所以通常享有較高的本益比，例如：電子股的本益比都在 20 倍至 30 倍、甚至有 30 倍以上的產業；反之，穩定的傳統產業因缺乏成長爆發性，預期盈餘成長速度較慢、其給予的本益比也會偏低，例如金控業

的本益比大都僅 10 倍左右，而發展成熟的紡織及橡膠產業的本益比，則多在 12 倍左右。

相對來說，不同產業之景氣循環也截然不同，所以建議讀者在比較本益比時，應以同一產業為比較基準。合理的本益比須參考產業及個股歷史本益比區間，再加以判斷。

以日友（8341）為例，日友是臺灣第一家專業生物醫療廢棄物焚化處理廠，也具備有害廢棄物之清運、焚化、固化、物化、掩埋、最終處理等項目，整合有害廢棄物上、中、下游一條龍式的專業服務。

從圖表 3-13 可以看到，日友近三年的本益比區間最低來到近 11 倍，而最高來到將近 40 倍的高本益比。倘若我們可以在低本益比時買進、在高本益比時賣出，除了拿到股利之外，還能享有豐碩的價差利得。

圖表3-13　2013 年～2017 年本益比區間──以日友（8341）路為例

年分	EPS	最低價	最高價	最低本益比	最高本益比
2015	4.71	52.7	152	11.2	32.3
2016	5.5	102.5	161.5	18.6	29.4
2017	7.03	113	255	16.1	38.8

製表時間：2019/2/19　資料來源：台灣股市資訊網

優點：

1. 當成門檻值來快速篩選

價值投資者之父葛拉漢的選股策略，即買進相對便宜的股票，其中一項評估指標即是本益比。如果你偏好買進便宜的股票，本益比是一個不錯的快速篩選工具。

2. 補漲抗跌的特性

在股市多頭或空頭時，低本益比皆有效應存在，也就是具備補漲抗跌的特性。若在股價不變的情況下、獲利持續成長，本益比則將逐漸降低。用本益比來評估股價位階，相對安全。

缺點：

1. 本益比不穩定

如前面所說，本益比是參考股價表現及過去盈餘所得的結果，若因為某些外部事件（英國脫歐／景氣循環）使得當年度股價出現上下震盪，或內部事件（公司轉型／客戶轉單）影響當年度的獲利劇烈變化，都可能造成本益比有所偏高／偏低的狀況出現。甚至因為每天股價的波動，使得本益比都有些許的不同，多數投資人易受此現象混淆。

2. 本益比區間過大

如前面所說，不同產業間的本益比區間皆不盡相同，如果只用低本益比來篩選，可能會錯過那些能夠翻倍的成長股，甚至有

機會落入價值陷阱之中，買進那些前景不佳、獲利已經逐步下降的夕陽產業。

因為景氣循環而獲利不穩定的公司，也使得本益比區間的變化幅度很大。在景氣高峰時，假設公司目前股價是 100 元，去年獲利為 10 元，換算本益比是 10 倍，因為本益比低所以投資者搶進，結果買在高點；而在景氣谷底時，公司股價是 60 元，並公布獲利衰退至僅為 2 元，換算本益比是 30 倍，這樣的高本益比反倒因為恐懼而拋售，結果景氣卻開始轉為復甦，獲利逐漸從谷底提升，股價也水漲船高。

3. 有時差的本益比

計算本益比的兩個變數是「股價」與「獲利」，前者股價每日變動較快，後者獲利數據每季公布變動較慢，所以有計算時差的問題。由於公司財報須經過入帳、理帳等繁複的會計過程，並通過審核後才能公布。若投資人想要以全年度的 EPS 來估算本益比，要等到隔年 3 月才會公布年度財報。若我們以過去的獲利來推估未來的本益比，結果就會有所偏差。

二、平均現金股利估價法

2011 年，雪球股達人溫國信老師在《輕鬆滾出雪球股》（大是文化出版）中介紹的平均現金股利估價法，利用過去 5 年企業發放的現金股利來推估企業的價格位階，以便宜價、合理價、昂貴價這三個價格來區隔，讓投資人參考。平均現金股利

估價法的基本使用策略為，買進策略則為便宜價買進、合理價持有，以及昂貴價賣出。

其公式如下：

$$平均現金股利殖利率＝\frac{近\ 5\ 年平均現金股利}{股價}×100\%$$

做法：

便宜價：5 年平均現金股利乘以 16

（等於平均每年 6.25% 殖利率）

合理價：5 年平均現金股利乘以 20

（等於平均每年 5% 殖利率）

昂貴價：5 年平均現金股利乘以 32

（等於平均每年 3.125% 殖利率）

舉例：

以英業達（2356）（按：主要從事電腦、消費性電子、通訊、資訊及網路應用等領域的研發和製造）為例，我們列出近五年的現金股利，來計算其便宜價、合理價與昂貴價（見圖表 3-14、3-15）。

我們可以發現近五年來英業達的股利皆穩定在 1.57 元左右，接著計算推估價格。

圖表3-14 2014 年～2018 年現金股利──以英業達（2356）為例

年分	現金股利
2014年	1.6
2015年	1.75
2016年	1.4
2017年	1.45
2018年	1.65
總和	7.85
平均	**1.57**

製表時間：2019/2/27　資料來源：台灣股市資訊網

圖表3-15 英業達週線圖

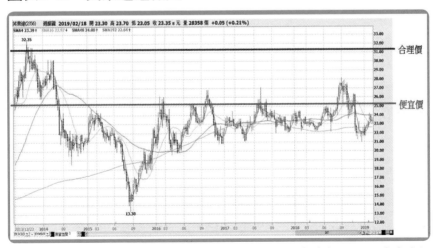

資料來源：XQ 嘉實資訊

便宜價：1.57×16＝25.12 元

合理價：1.57×20＝31.4 元

昂貴價：1.57×32＝50.24 元

從圖表 3-15 可以看到股價長期在便宜價之下，這是因於英業達的主要營收來源為筆電代工，屬於成熟型產業，在沒有營收爆發性的狀況下，股價在這三條價格線所形成的價格區間中，也就相對偏低。

英業達自上市以來年年獲利，公司現金充沛。在公司倒閉風險偏低的情況下，我們長期抱緊英業達，除了每年能領平均 1.5元左右的現金股利、在便宜價以下買進，就能享有超過6.25% 的殖利率。若進場機會選在 2015 年股災時的 13.3 元最低點，那麼在便宜價以上賣出更能賺取 11 元的價差。

不過圖表 3-15 僅為示意用，事實上從平均現金股利估價法計算出來的三條價格線（便宜價、合理價、昂貴價），會隨著每年股利的發放而調整高低。投資人須每年在公司發布股利訊息時再修正。若公司宣布股利發放的比去年多時，這三條價格線將隨之調高；股利較去年減少的話，這三條價格線也會調低。

優點：

1. 簡單易懂，位階分明

平均股利的計算方式相當直覺，許多工具網站也提供近五年平均股利的數據供投資人參考，再加上便宜價、合理價、昂貴價

三條價格線的輔助，投資人可以快速瀏覽個股的股價位階處於什麼位置。

2. 降低雜訊影響

採用近五年平均現金股利作為殖利率計算的分子，能有效降低因景氣循環造成的獲利股息波動雜訊，更能看出公司在經歷景氣循環下配發股利的能力。因為公司每年所入帳的獲利不盡相同，所以也可以藉平均的概念將這五年來的變化平滑化，以利投資人觀察其獲利趨勢。

缺點：

1. 股利發放需穩定

股利變化太大，如同前面提及因景氣循環影響市場需求，也影響到原料成本，導致公司獲利年年不盡相同，所能發放的股利也會隨之調整。如果股利發放不穩定的話，投資人計算所得平均股利數值就不具參考價值。所以對於那些股利不穩定、甚至不發現金股利的公司，更不適用此指標。

2. 無法評估未來性

公司發放股利的政策是依據前一年的盈餘狀況來決定，通常為每年的 3 月至 4 月左右，而除權息的時間則落在 7 月至 8 月之間，因此投資人所藉以評斷的現金股利已經算是前一年的事情。所以說，公司連續發放現金股利，不應當成長期投資與否的唯一

判準，其財務體質及成長力道仍為未來發展之關鍵。

公司要能夠實質成長才能帶動獲利穩健成長，並反映到股利上。簡單來說，也許過去發放豐厚股利，但若今年表現不如以往，便無法斷定未來也發得出相同股利。

3. 應先評估股利發放的合理性

公司賺的錢需要保留下來購地、蓋廠房以擴大營運規模，或是拿來做新產品的研發，尤其是成長型的公司，更需要將資金高效應用，所以切勿單以股利來評價成長型公司。而部分公司可能會發超過當年度的盈餘，投資人必須仔細判讀其發放股利的政策的合理性，不要瘦了公司的財庫，卻只是進了大股東的荷包，所以建議現金盈餘發放率為 **60%** 至 **90%** 以內，對股東較為合理。

上述「歷史本益比估價法」及「平均現金股利估價法」這兩種估價法，所參考的資料都是從過去的資料所得。它們都算是落後指標，用來估算公司未來的價值可能會偏差失真，所以在估價時建議考慮公司所屬產業的前景，以及它未來的成長性。

推估估價法──放眼未來成長力道

因為股價是以「過去營運績效」再加上「未來成長力道」，所以前面介紹的「歷史本益比估價法」及「平均現金股利估價法」以每季發布的財報作為分析基礎，因為財報發布時間較晚，

時間上與現況有 2 個月至 3 個月的落差，屬於落後指標。

接著，我們以未來成長力道來加入估價公式當中，介紹「本益成長比（Price／Earnings to Growth Ratio，PEG）估價法」及「逐季推估現金股利估價法」的方法與優缺點。

一、本益成長比（PEG）估價法

在企業成長的黃金期，公司營收獲利高成長同樣反映在股價之上，當下的本益比並不足以反映未來的獲利成長，若單以本益比來評估一家公司股價的合理性，會使投資人錯過一大段股價飆漲期。為了彌補這個缺點，英國投資大師吉姆‧史萊特（Jim Slater）提出「本益成長比」的概念，並由彼得‧林區發揚光大。PEG 的概念來自將本益比除以盈餘成長率所得的數值，用於推估目前股價相對於未來的成長性是否被低估，公式如下：

$$PEG = \frac{本益比}{盈餘成長率}$$

如果公司的本益比為 20 倍、盈餘年增率為 20％，得到的 PEG 值為 1（20／20）；若一家公司目前本益比為 10 倍，盈餘年增率為 20％，得到的 PEG 值為 0.5（10／20）。一般來說，因為本益比越低或是盈餘成長率越高，使得 **PEG 值越低**，也代

表投資價值較高。而 **PEG** 值若大於 **1**，則表示這支股票的價格與盈餘成長被高估。

智邦（2345）為國內網通交換器代工大廠，近年因為物聯網、雲端運算、資料中心的需求增溫，讓智邦營收及獲利同步成長。2015 年下半年，智邦的營收出現逐步增加，財報公布後毛利也提升至 20%，較前一季出現 5% 的大幅成長。而後公布當年度獲利較前一年成長 81%，2016 年時獲利成長 60%、2017 年獲利成長 33%。

2015 年時，智邦的股價仍未出現反應，當 2015 年財報公布經計算後 PEG 值在 2015 年僅為 0.098，屬於極低的 PEG 值，代表低股價高成長。當市場發現這顆明日之星後，股價也就在近 4 年內，從僅有 10 元出頭榮升百元俱樂部，而且最高來到 123.5 元；雖然這幾年的成長腳步逐漸趨緩，不過仍屬成長型公司（見圖表 3-16、3-17）。

優點：

1. 找出未來成長的公司

許多人把財報當成後照鏡，認為其公布的時間較晚。事實上從每個月 10 號前會公布的前一個月營收數據，投資人便可從中評估公司未來成長，只要懂得如何推估盈餘成長、搶先布局，而不須等到財報公布的那天，而錯過低檔布局的時機。

另外記得活用公式，在計算 PEG 值時可以倒著推算回來，盈餘成長率可用「預估盈餘成長率」替換，藉以事先推算出未來

圖表3-16 智邦（2345）從 2014 年～2017 年之 PEG 值

年分	平均股價	EPS	平均本益比	盈餘成長率	PEG 值
2014	17.2	1.21	14.2	14%	1.01
2015	17.4	2.19	7.97	81%	0.098
2016	42.4	3.51	12.1	60%	0.2
2017	78.6	4.68	16.8	33%	0.51

製表時間：2019/2/27 資料來源：台灣股市資訊網

圖表3-17 智邦（2345）近 5 年之近 4 季 EPS 及股價變化

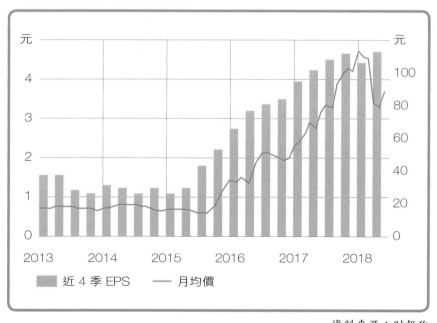

資料來源：財報狗

成長的合理股價。例如：假設 PEG 值為 0.5，並預估一家公司的盈餘，將以 50% 的速度爆發性成長，當今年能賺進 4 元，那未來的合理價格則可推估為 100 元（0.5×50×4），與現在價格相比就能找出預期可賺取的價差。

原公式為：

$$PEG = \frac{\text{本益比}}{\text{預估盈餘成長率}}$$

活用後為：

$$0.5 = \frac{（\text{未來合理價格} \div 4）}{50}$$

未來合理價格＝100

2. 具評估標準

PEG 值是本益比與盈餘成長率兩者的比值，而吉姆・史萊特將該比值標準定為 1。若 PEG 值小於 1 時，說明該股票價值被低估，值得投資者進行投資；而當 PEG 值大於 1 時，則說明該

股票價值被高估。吉姆‧史萊特建議，已經持有該股的投資者應該賣出該股票，將資金轉向買入其他 PEG 值低於 1 的股票。彼得‧林區曾經指出，最理想的投資對象的 PEG 值應該低於 0.5。

缺點：

1. 須與其他指標結合

沒有一項財務指標可以完整解釋一家公司的發展性，所以不建議投資人單獨使用 PEG 來評估一家公司的未來成長，必須搭配其他財務指標。當然，分析數據最關鍵之處，還是公司的預期營收及未來獲利狀況，並且須拆解獲利來源，最好以本業收入的成長為主，而非一次性的業外收入導致一時成長的假象。

2. 未來盈餘成長不易推估

雖然 PEG 能將未來盈餘成長性納入考量，但面對迅速變化的商場，要如何預估公司的未來成長性仍為困難之處，需要花費心力深入了解公司本身的體質、產業未來發展等林林總總的因素，方可著手推估未來盈餘成長率。記得要以諸多假設皆成立為前提，才能實現所有公式推估的結果。

二、逐季推估現金股利估價法

從前一段介紹「平均現金股利估價法」的結論中，我們可以找到幾項缺點，發現前述方式反應速度較慢，而且無法評估未來性。為了改進前述缺點，我們不採用前面一整年所公布的獲利，

而以近四季的財報作為分析數據，透過逐季觀察公司的獲利表現是否呈現成長或衰退，來推估未來獲利及現金股利發放的多寡。

倘若以前面提到的「平均現金股利推估法」，來推估崇友（4506）在 2017 年是否適合買進，讓我們複習一下，先找出前 5 年（2013 年～2017 年）的現金股利，加以推算後可以得到近 5 年平均現金股利為 1.48 元（見圖表 1-2），所以便宜價為：

1.48×16＝23.68（元）

合理價為：

1.48×20＝29.6（元）

昂貴價為：

1.48×32＝47.36（元）

可是崇友在 2017 年的股價最低為 34.9 元，若採用現金股利推估法，則當年度的股價均在合理價之上，所以投資人不會買進。

　　不過看到崇友在 2017 年第一季時，因為崇友桃園舊廠房占地約 1,800 坪，其中八百多坪廠房及土地，賣給松下科技，處分利益 1.7 億元，另外剩下近一千坪廠房則是出租，年租金收入 370 萬餘元，使得獲利與 2016 年第一季相比、成長將近一倍，其近 4 季的 EPS 為 4.09，以盈餘發放率 7 成來計算，預期隔年的現金股利至少可發出 2.86 元（4.09×0.7）。

　　所以重新計算近 5 年平均現金股利則為 1.86 元，便宜價為：

1.86×16＝29.76（元）

合理價為：

1.86×20＝37.2（元）

昂貴價為：

1.86×32＝59.52（元）

圖表3-18　崇友（4506）近 5 年之近 4 季 EPS 變化

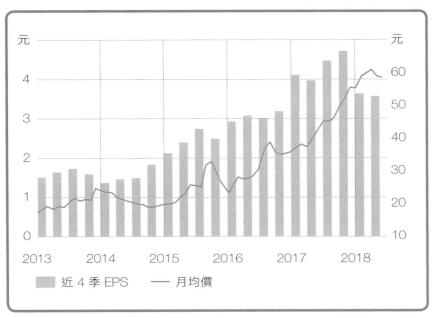

資料來源：財報狗

　　再加上崇友近幾年每季獲利相當穩定。所以在 37 元的價位提早買進，即便在當時看來是相當高價，結果崇友在 2018 年最高價來到 60 元，投資人還能領得 3.1 元的現金股利，累積報酬率超過 7 成，這筆交易可說是相當不錯。

優點：

1. 動態調整價格門檻

公司需要在隔年 3 月 15 號前公布上一個年度的獲利年報，

並且大多數的公司會一併公告今年股利訊息。根據以上例子可以觀察到，其實從前一年 5 月公布第一季財報數據時，我們就能夠推估隔年股利的發放狀況，進而動態的調整便宜價、合理價及昂貴價的門檻。

懂得利用「逐季推估現金股利估價法」的投資人早就搶先布局，而不是傻傻等待公司正式發布消息，才爭先恐後的買進，幫其他人抬高股價。

2. 逐季追蹤反應獲利狀況

所謂的「買進並持有」策略並非叫投資人買進後就將它置之不理，由於外在市場一瞬萬變，若投資人對持股毫無研究，下場便是存股常變成「存骨」，住進套房。所以投資人要學習觀察每個月的營收變化，並且每季追蹤財報公布的獲利狀況，才能了解公司是向上提升抑或是往下沉淪。這樣一來，投資人可以從逐季追蹤獲利中，提早發現獲利成長所帶來的股價以及股利的雙重漲勢；也能察覺公司未來衰退的隱憂，避開股價下跌的風險。

缺點：

1. 賣出時機較不好掌握

拿建材營造股興富發（2542）來說，其計算出來的昂貴價為182.4 元，可是實際股價從來沒有超過百元；以近五年來說最高價來到 83元，最低價則來到 28.65 元。其最高、最低的價差將近3 倍，倘若以昂貴價的 182.4 元作為賣出決策，投資人勢必躲不

過這次的跌價損失。

事實上，我們從財報中就可以發現，興富發在 2014 年的 EPS 為 11.44 元，而 2015 年的 EPS 便下滑至 7.06 元，到 2016 年的 EPS 僅剩 5.57 元。從財務報表中可以明顯發現，建造成本飆漲，使得毛利率下滑近 5 個百分點，投資人對其未來獲利前景感到悲觀，因此當年度股價遭受腰斬也不是太意外了，所以以昂貴價作為賣出點未必合適（見圖表 3-19）。

從現金股利估價法可以很明確的計算出便宜、合理、昂貴三種價，作為投資人買進、賣出的參考價格，不過當面臨獲利變化劇烈的情況則會相當不一樣。以興富發為例，在 2014 年的 EPS 高達 10.85 元，所配發的現金股利為 7 元，但卻因為獲利逐年下滑到 2018 年的 EPS 僅剩 1.69 元（見圖表 3-20）。

雖然配發出 3.5 元的現金股利，但面臨獲利可能持續衰退的狀況，股價不可能超過高額的昂貴價，甚至我們得逐步下修便宜價及合理價的數值，所以建議讀者要逐季追蹤獲利狀況，並且注重公司的獲利趨勢及獲利品質。

2. 無法確定便宜價是否該買進

反之，許多公司的便宜價與目前股價差距甚大，就拿製鞋大廠豐泰（9910）來說，經過計算後其便宜價在 77 元，可是股價長期都在 130 元至 180 元區間來回，那便宜價可說是永遠都不會到來；倘若現在因為公司獲利而出現腰斬，股價崩跌到 77 元以

圖表3-19　興富發（2542）歷年資料

年度	去年 EPS	現金股利
2018	1.69	3.5
2017	5.57	5
2016	7.06	6
2015	11.44	7
2014	10.85	7

製表時間：2019/4/12　資料來源：台灣股市資訊網

圖表3-20　興富發（2542）近 5 年 EPS 變化

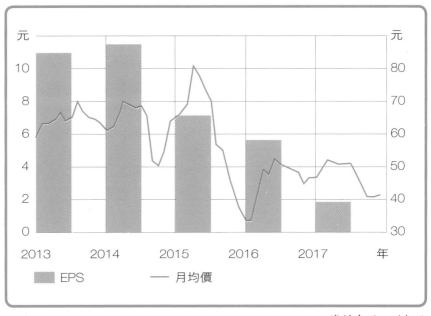

資料來源：財報狗

下，試問你該買進嗎？

所以，估價公式所計算出來的便宜值只是參考數據，重點還是得回歸分析基本面。假使只是一次性的獲利減損，並無損公司的長期競爭力，這樣才能安心進場。

我曾在粉絲團上作過一項投資調查，結果有超過半數的人最想知道「如何評估適當的買進／賣出價格」。不過，學習價值投資之道不該採跳躍式，而是循序漸進的。所以我先從第二章開始，帶領大家選出好公司，再來告訴大家內在價值與外在價格之間的關係，最後才來教各位如何評估合適的進場價格，找出相對好的獲利出場點。

最後，我整理出上述各種估價法的比較，並且列出優缺點讓你們融會貫通（見圖表 3-21）。

股海老牛這樣抱緊處理

1. 進行估價，找到足夠大的安全邊際

當我還不懂得對一家公司進行估價時，直覺就是去看過去的股價高、低點位在哪個區間，股價跌了 20% 就趕快買進，結果時常接到持續下殺的刀子；而看到股價漲了 20% 就趕快賣出，結果時常錯過後面 30% 的主升段，所以如何估計價格，一直是投資人相當頭痛的問題。

上面所述的幾種估價法都無法正確的衡量其價格，僅能提供

圖表3-21　各估價法之比較

估計一家公司的股價		優點	缺點
歸納估價法：注重營運穩定慣性	歷史本益比估價法	1. 能快速篩選。 2. 補漲抗跌。	1. 本益比不穩定。 2. 本益比區間過高過大。 3. 本益比有時差。
	平均現金股利估價法	1. 簡單易懂，位階分明。 2. 降低雜訊（景氣）影響。	1. 股利發放須穩定。 2. 無法評估未來性。 3. 須評估股利發放的合理性。
推估估價法：放眼未來成長力道	本益成長比估價法	1. 能找出未來成長的公司。 2. 具評估標準。	1. 須與其他指標結合。 2. 未來盈餘成長不易推估。
	逐季推估現金股利估價法	1. 動態調整價格門檻。 2. 逐季追蹤反應獲利狀況。	1. 賣出時機較不好掌握。 2. 無法確定便宜價是否該買進。

參考範圍。接下來我們要做的，就是等待這個具有安全邊際的價格。當重大利空發生，即便是過去營運紀錄良好的公司，其股票也會遭到投資人拋售而大幅下跌。因此，除了要懂得如何估價，

也要評估安全邊際是否夠大，並耐心等待買進時機的到來。

2. 沒有絕對準確的估價法則，而須建立專屬估價模型

　　從學術上來看有許多不同的評估價格的理論，而實務上更有從各種角度的切入與估價，造成估價公式種類繁多，少說也有上百個不同的估價方式。我介紹的四種不同估價方式，都有其理論背景，並且告訴大家它們的優缺點。在實務應用之後我們可以發現，不同的公式所估計出來的價格都略有差異。

　　所以，你必須挑選和調整成自己所慣用的估價方法，因為**再棒的估價公式也只是得到一個數值，而非預測價格走勢**；要記得公式是死的，要學會活用！投資人可以試著從不同角度來衡量公司價值，進而發展出一套專屬於你自己的估價模型。

3. 過去價格是後照鏡，未來價值才是關鍵

　　估價公式大都參考過去的價格以及財務指標，這些都已經是過去式了。況且，隨著市場及產業變化，任何的分析估價模式都有其條件限制，需要視情況與環境調整才能與時並進。

　　另外，**過去的優異表現並不足以當成未來營運的保證書，公司的未來發展價值，才是我們考量的重點。**所以，深入了解一家企業的營收來源、推估未來業績擴展，才是我們真正要做的事情。這家公司在未來市場上能夠創造出多少價值，並且持續其競爭力，才是穩穩推升股價上漲的主要原因。

　　所以要追上未來，必須掌握公司競爭力，才能預見未來的

價值！

 優分析──老牛抱緊股選股套件

優分析數據集分享平臺，擁有完整台股數據庫並應用於智能分析系統，能模擬投資達人的選股心法及買賣策略，讓你也能自主投資。讀者可利用老牛與優分析共同開發的抱緊股模組，優化手上的投資組合，安心抱緊處理。

適用對象：股市新手、上班族、菜籃族、散戶

4 大選股策略──挖出績優公司

● 配息政策

● 獲利成長性

● 防禦性分析

● 法人加碼

5 項關鍵估價法──在低檔搶先佈局

● 本益比

● 便宜價

● 合理價

● 月均線

● 推估現金殖利率

圖形化介面——幫助節省選股時間、縮小選股範圍、財報指標一目了然

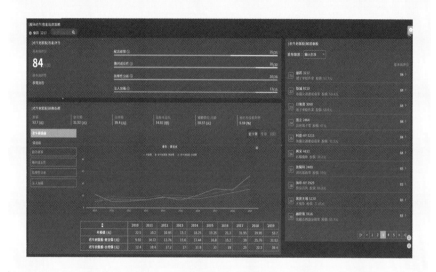

QR Code——前往更多細節

（若購買一年期者，在結帳時輸入優惠券序號 stockbull 可享 500 元折價優惠，優惠至2019/12/31。）

備註：本選股套件主要提供客觀資訊給投資人參考，幫助節省選股時間、縮小選股範圍。投資前應審慎評估風險，且自負盈虧。

第四章

「處」：
上下震盪能處變不
驚，不敗在情緒

「下跌時抱得安心，上漲時抱得開心。」

在傳統經濟學的理論基礎中，認為人是理性的，並且追求價值最大化，而後續的分析預測、建議的基礎，也多以理性角度出發。但現實社會中，人們常受到過去經驗、生長環境及複雜情緒等因素影響，因此做出的行為未必理性，甚至是當下認為合理的決定，也常在事後覺得有些愚蠢。

諾貝爾經濟學獎得主理查‧塞勒（Richard H. Thaler）其研究探討的是「行為經濟學」，發現人們大部分所做的決定經常都是非理性的，也不符合自身的最佳利益。他在《不當行為》（Misbehaving）這本書中舉出一例：民眾願意開 10 分鐘的車，買原為 500 元、折價後少 100 元的鬧鐘，卻不願意為了定價 5 萬元的電視機，開 10 分鐘的車買折價 100 元的同樣商品，同樣都是省下 100 元，但買電視機卻令人感受不到獲得的差異。

同理可證，投資人比較獲利 10 萬元及損失 1 萬元，我們對**於損失的感受往往大於獲利**，面臨交易時也時常做出不理性的偏差行為，因此不願意認賠殺出，寧可向下攤平、繼續賭下去，也就造成散戶失敗的主因──小賺大賠。

我剛開始投資時亦常受到市場消息及心理層面影響，除了搞得整天心神不寧、無法專心外，資產不但沒有相對應的成長，甚至由於頻繁的進出交易使得手續費暴增，資產反倒在短時間內大幅縮水。

市場上大多數出現的一時暴漲、暴跌現象，始因於交易人心理以及情緒變化，而讓金融市場一夜之間天翻地覆，例如：北韓發射飛彈、美國總統川普的通俄門事件（按：美國情報體系指

控俄羅斯干預 2016 年美國總統選舉）、石油減產等政經消息影響。我有時睡前看一下美國股市行情如何，原本出現紅通通的大漲訊號，結果一覺醒來後卻發現它變得一片綠油油，慘不忍睹。

　　事實上，我們都有能力為自己做出正確的決策，但如何避開主觀情緒、選擇適當的應對方式，仍是一大考驗。投資人若能以穩如泰山的定力，來面對上下震盪的指數、保持輕鬆的態度面對無法掌握的股市變化；在這樣低壓力的心態下冷靜思考、分析，才能看透問題癥結、辨識出危險所在，也能從容不迫的進行買賣行為而不受外界影響。

放下投資情緒

　　如果你是一位剛進股市的投資人，那我相信你最常接觸到的財經資訊，幾乎都來自新聞、電視、網路等相關媒體，因為那是最直接的來源。然而新聞媒體對於同一件事情，卻會發表出兩種完全不一樣的說法，而且常與之後股價的發展背道而馳。

　　有篇新聞是這樣報導的：

　　「Ａ公司於昨日公布首季財報，因受到傳統淡季影響，單季獲利季減逾 3 成，每股純益僅有 0.39 元，為近五年同期低點，跌破法人眼鏡。不過毛利率、營益率卻逆勢較前一季上揚，透露Ａ公司成本控管效益持續顯現。而總經理表示下一季即將進入銷售旺季，加上有新訂單加持，獲利有望較前季成長。」

上面這樣的新聞稿相信你應該不陌生，我們時常在媒體上看到這種「憂中帶喜」的兩面新聞，前半段告訴你現在獲利減少的壞消息，後半段卻又跟你講未來的旺季將帶動獲利成長，這也常讓投資人感到迷惑且無所適從，心情也就隨著股價起伏不定，甚至看到新聞陳述的利多，就立刻買進；看到利空消息就反手作空，兩者皆非正確的投資態度。

投資股市的風險較高，有時就像坐在大怒神上，投資人都該有會上下震盪的心理準備。當你買進利多頻傳且創新高的股票後，幾天後恐怖的翻轉行情就毫不留情的開始了；反倒是當你認賠賣出之後，連續幾天大漲又讓你看得傻眼。這樣的例子層出不窮，也造成投資人往往心驚膽跳、小賺小賠就跑，無法抱緊處理的結果就是與後續的大行情擦肩而過。

其實在進入股市投資後，絕大部分的投資行為都由我們的自身經驗、情緒所控制。而恐懼、懷疑、焦慮不安只會導致我們做出各種不理性的投資行為。投資人會以這筆交易是獲利或者虧損，來決定是否是一筆成功的交易，可是當下的獲利結果並不足以代表未來的績效也是長久穩定。倘若沒有建立正確的投資情緒，可能在遭受連續幾筆重大虧損後便承受不了壓力，就此從股市中「畢業」。

回到前面所說的「行為經濟學」，其研究結果顯示因為謬誤心態與錯誤情緒所引發的動機，使得人們常只看到當下眼前的價格，而忽略了未來價值。接下來，我們來談一些在股市中的謬誤心態，絕大部分跟投資行為非常有關係，甚至可能讓你在投資生

涯中面臨巨大的風險。

常見的謬誤心態

1. 後見之明

　　朋友喜歡跟我分享股票看法，沒幾天就跑來跟我說：「聽說這檔股票會漲。」結果隔沒幾天，它真的上漲了 10%。可是當被反問到：「那你買進了嗎？又買了多少？」朋友的回覆通常是「因為前陣子大盤不好，所以不敢買」，抑或是「這檔前陣子外資狂賣所以暫時觀察看看，想不到……」等塘塞之詞。這種後見之明的謬誤心態，讓投資者出現「我的投資功力很強、我很厲害」的幻覺，但實際在股市實戰上卻常鎩羽而歸。

　　有一次，我曾夢到自己回到 10 年前，第一個念頭就是買當年不到 500 元的大立光，夢中的我努力工作、還去跟家人、親戚、朋友借錢，甚至不惜向銀行借高額利息的貸款，等著未來享受這筆高達 10 倍以上的投資報酬，結果醒來後才怨嘆原來只是黃粱一夢。

　　我們也常看到，列入觀察的績優股在還沒有買進時就已經上漲，因此認定若按照自己的判斷行動，現在早賺錢了。當你沒有定好正確的策略時，偏頗看法會使你做出過於主觀的判斷（繼續觀察或趕緊賣出），而這些判斷，也常因為被誤導而拉低了報酬率。

2. 從眾效應

　　臺灣在近幾年常常出現「排隊名店」，許多人看到店門口有排隊的人潮便蜂擁而上，即使肚子不餓也要加入隊伍排一下，即所謂的從眾效應。

　　前陣子發生捷運裡出現一隻老鼠，讓 700 人瘋狂尖叫、驚逃，還造成人員受傷，看到新聞時很多人認為這相當不可思議，只不過是一隻老鼠就足以癱瘓捷運，但該情境真的會令人感到驚慌失措，在後面的人根本不知道發生什麼事，也跟著前面的人群尖叫、暴衝，讓整個車廂的人陷入恐懼之中。

　　就像股市震盪時的壞消息頻傳，導致投資人齊聲拋售股票；反之，在大家歡天喜地的時候，也盲目跟從買進投機股。投資人不應無端的跟著他人改變自己的觀念及想法，一次次的成為那些在股市裡驚慌失措的受害者。只要在買進或賣出前多想三秒鐘，就可以避免錯誤的交易發生。

3. 錨定效應（Anchoring Effect）

　　自然學家發現鵝寶寶在破殼而出時，會對他們看到的第一個會動的物體產生依賴感，通常是先看到鵝媽媽。不過如果鵝寶寶在破殼而出時，看到的是做實驗的科學家，他們也會緊緊跟著他。

　　錨定效應也常應用於行銷當中，人們會將一開始看到的產品價格深深的銘印在我們的腦海裡，而這個價格就成為定錨點。例如 7-11 推出的咖啡第二杯 7 折、衣服第二件半價等銷售方式，

讓你當下結帳時有賺到的感覺，事後仔細思考，卻是買了根本不需要的東西，這筆錢就被商人賺走。

相同的道理，投資人被公司過去的價格表現及財報資訊錨定住，往往忽略其未來的發展。假設我今天拿到一份對鴻海（2317）的研究報告，裡面提到「因近期蘋果 iPhoneX 銷售不佳，加上營業費用提升的影響，鴻海營運上面臨挑戰，今年財報表現將大打折扣。」

除此之外，由於鴻海從 2017 年 8 月的 122 元高點下跌至 2019 年 1 月的 67 元最低點，使得投資人看到研究報告及近期股價下跌的表現，就有「不會漲」的印象，反而沒有深究鴻海未來發展物聯網、人工智慧等產品的研發潛力，因為錨定效應而局限自己的看法，反而相當可惜。

哪些情緒偷走了你的積蓄？

1. 貪婪

物價通膨的速度遠大於薪資上漲的幅度，因此許多小資族想藉投資來達到「一夜致富」。但在這裡必須告訴你，一夜致富的機率其實相當低，反倒因貪婪而「一夜致負」黯然離開的畢業生，在股市中屢見不鮮。

大家可以發現即便目前震盪劇烈，有些股票還是活蹦亂跳，更出現連續漲停板。這些股票常在 20 元左右，在連續漲停板後，只要新聞利多的消息一出來，就容易吸引到散戶的貪婪目

光，然後未經過研究就急忙進場，下場便是套牢在最高點。

由於許多投資人不了解風險管控，還渴望賺得更多，不懂得衡量風險而玩起當沖、還放大槓桿，偏偏換來的是從股市中「畢業」。回頭看看 2018 年 2 月及 10 月時，因為美國 10 年期公債殖利率上漲而引發的全球股災，讓美國股市下跌超過 800 點、台股也連帶恐慌下跌 600 多點，創下台股史上最大跌幅，許多貪婪的散戶因過度放大槓桿，將自己暴露於極大風險中，這次大跌造成虧損就超過上百萬，下場也是頹然離開股市。

2. 恐懼

金融市場從來就不缺乏令人害怕的負面消息，這是媒體擅長的技巧，他們藉著販賣恐懼來造成市場上的驚慌，讓膽小的投資人在未經思考的狀況下急忙拋售手上的股票，這往往導致他們賣在股價最低點，也錯過後續的起漲點。

你在今天一點半收盤後，看到新聞媒體努力的放送壞消息、再加上晚上歐美股市大跌，你的心裡更為恐懼。結果隔天台股開盤大跌，使得恐懼變成恐慌，然後你拚了命的賣出持股，做出更多不理性的交易行為。結果才沒過幾天，一個利多消息又讓股市回升至原本的價位。你反倒開始怨嘆為何當時要賣，殊不知恐懼只會讓你在市場中原地打轉、白忙一場。

一如巴菲特所說：「在別人貪婪時恐懼，在別人恐懼時貪婪。」其意當然不是要你過度恐懼或者過於貪婪，而是要靜下心來思考，這些消息背後的真正涵義。

當你深入研究之後，更能夠了解問題的真相、加強持股信心。如果你不懂得思考的話，就會被這些消息搞得暈頭轉向，以「第二層思考」（按：價值投資大師霍華·馬克斯〔Howard Marks〕所提出的投資思維）為例，第一層思考的人會想找出公認的好公司，所以要買那公司的股票；不過具有第二層思考觀念的投資人則是考量，若每個人都覺得這家公司非常棒，那該股價可能被高估了，應當賣出才對。透過反覆的逆向思考、探究真相及驗證自己的想法，才有助於去除恐懼。

3. 後悔

2010 年，美國有位程式設計師用 1 萬個比特幣，在論壇上跟網友跪求兩個披薩，當時 1 萬個比特幣價格僅為 41 美金。可是在七年後，1 萬個比特幣的價值竟超過 1 億 7,000 萬美金（新臺幣超過 50 億元），真是令人哭笑不得。雖然我們看到這種新聞常一笑置之，但倘若發生在自己身上時，才感到後悔不已。

我們常對錯誤的決定感到遺憾、自責，無論是買進後卻蒙受虧損，或是錯過那些報酬率翻倍的股票，都令人感到惋惜，尤其當我們在便宜的價格買到好公司，卻在剛起漲時賣出，沒賺到主升段的股價翻倍情形，更讓投資人扼腕。

我曾學周星馳的電影臺詞，跟朋友開玩笑說：「曾經有一家績優的公司在我的選股清單裡，在我買進後卻沒有抱緊處理，等到小賺賣出後卻開始上漲翻倍；此時的我後悔莫及，股市中最痛苦的事莫過於此。」從事後來看，這些都不過是馬後炮。在決策

當下依照現有的資訊、既定的投資策略來執行，並在事後放下後悔的情緒，才是讓自己前進的應對方式。

4. 不確定感

在我收到的網友問題中，排行榜上榮登第一名的就是：「為什麼？」某家公司這一季獲利創新高，可是為什麼股價近期仍然持續下跌；為什麼川普要進行中美貿易戰；為什麼降息了金融股不會漲等大哉問。

你得知道，人們在面對太多的不確定因素時，往往偏向尋求一個合理的解釋來讓自己安心，所以投資人每逢股市大漲或大跌時就喜歡問為什麼。不過影響金融市場中的變動因素相當多，而且影響層面皆有所不同。例如，降息是屬於國家級的重大金融政策，影響的時間單位需要以年來計算，所以短期而言，對民生環境看不出來有什麼效果。

事實上，金融市場中有一隻無形的手，因為種種因素綜合起來造成最後的漲跌結果。若過於一昧的苦追某項關鍵原因，只會讓自己更鑽進牛角尖而無法自拔。

注意市場變化，但不要聽市場的聲音

這幾年來，我自己一直堅持以下的投資態度：

1. 長期投資

對於長期投資的看法，巴菲特又舉了一個例子。假如一位投資人從 1942 年開始以 1 萬美金來投資大盤指數基金（按：Standard & Poor's 500，簡稱 S&P 500，是一個由 1957 年起記錄美國股市的平均紀錄，觀察範圍達美國的 500 家上市公司），經過 60 年後當初的 1 萬美金可以變成 5,100 萬美金，資產成長超過 5,000 倍，便可見長期投資的威力。

巴菲特同時也告訴所有的投資人：「投資獲利主要是透過購買好公司並且長期持有，投資人若買下好公司，未來都能有不錯的表現。要是投資人時時擔心股價可能下跌，結果股票稍微上漲就賣出，這樣頻繁的買進、賣出股票不會有好的結果。」

2. 冷靜

在投資期間，投資人要以冷靜的態度面對不同資訊與干擾，面對突發狀況也能處變不驚。當個股表現良好時，不應過度得意驕傲，因自信心膨脹而做錯決定；打擊持股信心的事件或言論出現時，更得冷靜下來、客觀查證，確定自己的決策是否正確。

在股票開始下跌時，此時不要希望、不要祈禱、更不要發呆，而是要尋找可靠而明確的證據，然後問問自己當初進場的理

由是否已經消失。如果是，就要在別人開始驚慌失措前先鎮定的立即採取行動，以保全自己的資金。

3. 理性

理性是在經過審慎思考後，推理出合理的答案。在市場上總不缺乏令投資人爭相競逐的熱門股，當股價出現連續幾日大漲、甚至是幾根漲停板，電視媒體上便開始釋放該檔股票的利多消息，並預測未來即將上漲翻倍，藉此吸引投資人的目光。

大多數人都深怕自己手腳太慢，錯過賺錢的機會，未經深入分析就匆忙買進，之後出現下跌走勢並不如預期，反遭套牢。所以不只是太貴的股票要多用理性思考，連那些出現跳樓大拍賣、太過便宜的股票也只要再多想三分鐘，就不會再住套房了。

4. 有紀律

試著不要去聽市場的聲音，常有人跟你說宏達電（2498）很便宜趕快買，結果宏達電從 100 元腰斬到 50 元不到；鴻海會跌到 60 以下再買，結果鴻海從 76 元漲到 122 元等煽動言論，過多的聲音只會干擾你的判斷，對投資獲利毫無幫助。

將情緒的影響降到最低的方法就是，具體並客觀的觀察事實及數據，列出利多、利空訊息；將當下的想法與猜測記錄下來，有助於省視自己的行為、檢討為何當初會這樣想（見圖表4-1）。如此一來，就可以避免受到自身或外在情緒影響，也能夠降低情緒帶給自己的衝擊。如同我對光寶科（2301）的紀錄與

分析，這筆投資不僅在股災中安心抱緊，也在利空過後，讓我穩穩賺進超過 20% 以上的報酬。

圖表4-1 有效降低情緒影響之方法

把事實（數據）寫下來

⬇

尋找並列出各項利多和利空訊息

⬇

記錄當下想法（猜測）

⬇

培養客觀的觀察力

$ 老牛個股觀察表—光寶科（2301）

公司簡介：

光寶科成立將近 30 年，公司主要產品可分為光電產品、資訊產品、儲存產品三大類，其中光電產品以 LED 與照相模組為主，資訊產品則以電源供應器為主，儲存產品則以固態硬碟為主要產品。

近年來專注於轉型，以雲端運算、LED 與戶外照明、汽車電子、工業自動化及智慧醫療等五大物聯網（IoT）應用領域，作為集團轉型發展的重點。

利多因素：
- 高股利
- 相機部門出售的業外收益挹注
- 光電及儲存裝置類營收成長

利空因素
- 中美貿易戰
- 被動元件漲價
- 外資賣超
- 相機部門出售後，資訊產品類營收減少

推測想法：

● 下半年毛利率有機會如公司所說提升至 14%。

● 認列出售相機部門收益，將使得今年 EPS 大幅提升。

● 明年可能會宣布減資，將有機會讓獲利穩定成長。

目前觀察：

去年認列商譽減損所以獲利突降，今年相機部門業外收益挹注。這兩年變化較大，較難估價。預期今年營收不會成長，不過年增率 10% 都是可接受範圍。雖然說以上幾點都看得比較遠，中間變數仍多，不過光寶科是全球營運布局的大公司，只要腳步走得穩健就好。目前價位尚可，等著外資轉為買超跟除權息後再來找買點。

以上所記錄下來的資料，也可以當成未來交易時的參考，也就是買進及賣出的原因，這樣不管外在環境如何紛擾，你也能達到「不動心」的境界。

嚴守風險管理，比任何事情都重要

在臺灣，癌症已高居國人病因的前幾名，所以許多相關研究興起，為的是找出高風險的致癌因子以提高存活率；研究結果告訴我們，預防癌症的飲食原則要吃減鹽、少糖、低油等三低食物。同理可證，投資人若能事先將風險因子找出來，並納入投資前考量，就能大幅降低賠錢的機率；此外，深入拆解企業的獲利來源，更能加強持股的信心。

而風險就是處理未來不可知、可能會發生的事情。但是要面臨的變數太多，甚至現在每天新聞都會出現「黑天鵝」亂飛、「灰犀牛」（按：那些經常被提示，但沒有得到充分重視的大概率風險事件）亂跑，對實體經濟並沒有產生破壞，只有造成金融市場的上下動盪，或讓投資人憂心忡忡罷了。不過仍有不少過於樂觀的投資人認為，目前市場的風險很低甚至是沒有風險，相信「沒有風險」的過度自信才是最危險的。

過去巴菲特曾在航空、石油、紡織業等投資失敗，但為何他的資產仍然穩健、迅速的增長？巴菲特及彼得・林區等投資大師除了投資眼光精準外，他們處理風險的優越能力亦幫助他們安然度過多次投資危機。

由此可見，我們必須認知要穩定增加收益，首先一定要認知「風險」二字的重要性，並學會處理風險。對於風險的處理，不該是一味的逃避，而應以聖嚴法師的態度──「面對它、接受它、處理它、放下它」來面對。

近年來幾件上市櫃公司重大案件：「兆豐金內控問題」（按：兆豐泰國子行 3 名行員虛增客戶外匯實際兌換金額及行政支出費用，4 年來溢領 3,300 萬元，但兆豐銀行總行每年稽核均未察覺，內控機制形同虛設）、「樂陞收購變詐騙」（按：臺灣證券史上第一樁，公開收購「成功」卻付不出錢的案例）、「葡萄王窳標賣過期品」、「永豐金爆超貸疑雲」等。無論這些負面事件爆發的當下真實性為何，都往往造成股價先下跌。此時投資人面對無法預期的風險，又該如何自處、如何因應？

第二章我們告訴大家如何找到有投資價值的企業，第三章看懂如何找出具有安全邊際的股價。現在我要來分享，面對未來市場變化的不確定性，處理風險及培養正確的心態有多重要。

在這一章中，我也要提醒諸位價值型投資人風險評估的重要性，這樣才能跟股神巴菲特一樣「安心賺、穩穩賺」！

認識風險

在《投資最重要的事》（*The Most Important Thing Illuminated*）中，作者霍華·馬克斯說道：「沒有正確處理投資風險，則投資不可能長久成功。」而在《投資金律》（*The Four Pillars of Investing*）裡的「完美的投資組合」，提出投資策略的核心是資產配置，即控制投資風險及報酬率。優異的投資需要創造報酬並控制風險，也就是確認風險並且對風險加以控管，所以在決定投資標的時，便要考慮風險及獲利的關係。

風險可以解釋為對期望報酬失望的機率，即對未來報酬的變
動範圍或散布的可能程度，所以在財務分析上產生許多衡量風險
的理論及指標（見圖表 4-2）。對於投資人來說，首先必須認知
零風險僅存在於理論上，但現實生活中是不可能的。即便把錢鎖
在銀行裡定存也有風險，仍須承擔銀行會倒閉的可能性。如果哪
天有人打電話告訴你，這裡有間公司股價超便宜，買進它絕對穩
賺、零風險，那千萬別考慮，絕對是詐騙集團。

圖表4-2　投資組合風險

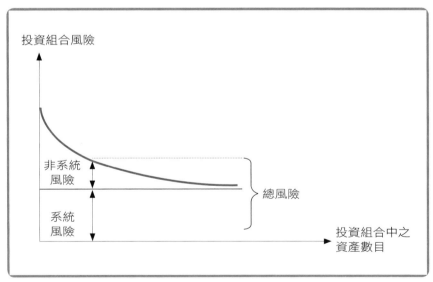

　　我們將投資組合中的風險拆解為兩個部分來解釋：

總風險＝系統風險＋非系統風險

　　系統風險，也稱為市場風險（Market Risk）。它主要受總體經濟或政治因素影響，諸如財政金融政策、失業、通貨膨脹，以及政治因素等；幾乎所有的金融性資產都會受到其全面性影響，即使透過多元化的投資組合也無法分散掉它。例如：川普在推特跟中國嗆聲，或者金正恩威脅發射核彈等政經事件，屬於防不勝防的系統風險，一旦出現則屢屢造成台股震盪。

　　像是景氣循環股所面臨的風險，例如航運類股在景氣好的時候，船隻的租約供不應求；但在景氣不好的時候，船隻只能閒置不用。一如輪胎業的正新（2105）及建大（2106），因為近年來上游原料成本價格上漲與市場需求下滑，導致毛利率及營收下滑，連帶獲利也一併大幅下降，股價當然也就像溜滑梯般下跌。

　　從產業上的競爭、市場供需的變動、世界經濟的趨勢、甚至到政治情勢的緊繃，其來源可能是公司無法掌握的。像是原物料上漲使得成本提升，公司的管理階層若無法預見外在環境的變化、甚至對這些變化預先做出應對時，公司就會面臨衰退。

　　就像被動元件的缺貨潮也導致許多公司無法消化成本，必須將產品漲價、將成本轉嫁到更下游的客戶。而漲價則可能造成客戶流失、公司獲利衰退，實讓管理階層不得不注重系統風險的重要性。

非系統風險，與個別資產本身的特性有關。以公司而言，員工罷工、廠房火災、開發新產品、併購、董監事改選等內部因素，皆會影響股票的價格。

　　在 2018 年 4 月，敬鵬電子（2355）桃園平鎮廠發生火災。除了造成人員死傷，產線也受損，影響營運；此次火災就影響 15% 的產能，後續也需要進行鑑定及理賠事宜，導致當天股價跌停。另一個案例是，每一年彰銀（2801）進行董事改選時，因為與台新金控的心機角力，股價因而造成一番波動……這些例子不勝枚舉。不過此類非系統風險事件，一般而言皆是獨立發生或者隨機出現。

勇於擁抱風險

　　不了解風險的人可能認為風險等於危險，而人的本能又告訴我們要趨吉避凶，促使大多數的人不願面對風險，或是處理淡化風險所需要的成本，就如同我的父母當初原想在股市中投資獲利，最後換得幾張公司的「壁紙」，之後便時不時提醒我，投資股市有如羊入虎口般可怕。

　　風險其實指可能發生虧損的機率，並不代表實際上會真正發生。當你認識、了解風險後，就知道它並不是如此令人恐懼的事情。無論是風險偏好者或風險厭惡者，都該找到自己的風險忍受度，**將資金投資在那些你能接受的風險，進而擁抱風險**。投資那些會產生合理收益的標的，並經由風險規避來預見危機發生時的

應對之計。

　　風險規避指透過事前計畫來轉移或消除風險。前文有提到風險是無法完全消除的，所以在面對時，採取風險規避目的為：

1. **降低風險發生的機率**：採取事前計畫來降低風險的發生。
2. **減少風險發生的損失**：當虧損發生後進行事後補救。

而風險規避的具體做法有以下四點：

1. 謹慎選擇投資公司，並衡量其上下檔風險。
2. 深入研究公司競爭力，增加持股信心。
3. 建立交易規則，擬定嚴謹的投資計畫。
4. 配置投資組合，以平衡投資風險。

建立專屬交易系統

　　北韓發射飛彈、川普的通俄門事件、石油減產等國際重大消息，使交易人心理及情緒產生變化，進而導致市場指數一夜之間天翻地覆。大部分的投資人也被影響、搞得整天心神不寧，除了無法專心工作外，資產也沒有相對應的成長，甚至還反向縮水。

　　我剛進股市的前幾年，雖然都曾做過當沖和放空，每每都因為無法克服人性的弱點、缺乏交易策略，常是幾次賺到小錢，但大多數的交易結果卻總落得大賠出場；幾次下來，是賠了時間又

耗損心智。而基本面、籌碼面、技術面的指標何其多，究竟何時用、怎麼用這些指標才能賺錢？

　　許多投資人都有損失趨避行為，對於發生「虧損」看得過於嚴重、不願面對，而無法適時停損出場，常造成「大賠」的情況發生。最後讓情緒影響心理決策，大賠時才決定停損出場，卻常在最低點停損時股價反彈回升，更加深投資人的懊悔，正確的投資心態應當是大賺小賠（見圖表 4-3）。

圖表4-3　大賺小賠

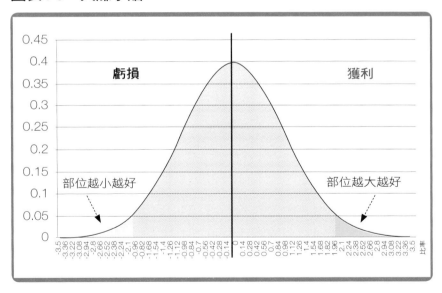

　　大部分的投資人都覺得「如何選股」比較重要，不過在股海經過一番洗禮之後，我倒是認為建立「交易系統」才是能穩定獲

利的基礎。

《海龜投資法則》（*Way of the Turtle*）、《交易‧創造自己的聖盃》（*Trade Your Way to Financial Freedom*）及《王力群機械操盤法》等書所提到的「交易系統」，就是找出一套適合自己的交易規則、一套能穩定獲利的制度，它能夠告訴我何時進／出場、有效控制風險、進而穩定獲利，所以我便開始建立專屬於自己、能在股海中悠游的交易聖盃。

建立一套專屬的機械操盤法，依照標準處理程序（SOP）來穩定獲利，能使我們免於受到自己的主觀判斷，以及被市場干擾。這方式適合給還沒有交易策略、常被主力洗出場、無法抱緊處理且「大賠小賺」的散戶。

交易系統就是讓散戶像機器人般有著明確的規則，並對所有的交易一視同仁，著重於期望值來持之以恆、確實執行，不被其他雜訊所影響。如同《海龜投資法則》一書作者所說的「交易系統不預測未來，只交易現在」，它不會告訴你未來這支股票是否會上漲，但能告訴你現在該做什麼。

現在市場上的預測多如牛毛，還有機器人、大數據分析幫你選股預測，即便真的預測正確，鑑於投資人的人性影響之下，也不一定能賺到錢；反而預測錯誤，結果大賠套牢就當作沒看見，才是最危險的。一昧的預測未來漲跌讓投資操作無所適從，這才是績效不彰的主因。

當散戶擁有專屬的交易系統，在下單之前就已經決定好對這支股票的策略，無論是進出點位或停損、停利、加碼、減碼的因

應，「進出場、資金管理、加碼、減碼、停利、停損」都有一套嚴謹的管理機制，按照計畫走，便能增強自己的心理素質，避免被上下震盪影響。

「機械化」的執行買賣動作，才能長久、殷實的賺錢。所以沒有交易系統的獲利，只能說是隨機致富！

交易系統的重要因子

交易系統簡單來說包含 3 個主要部分：

1. 買進策略：

出現什麼訊號時，可以進場。例如：Q3 財報淨利率提升 N％、價位突破 20 日均線、月季線黃金交叉（月線向上穿過季線）、外資近 5 日買超等。

（註：《海龜投資法則》作者以價格突破為主要訊號，例如價格突破 20 日均線。）

2. 資金管理：

進場的單位多少，例如買進第一筆來試單，有出現獲利後才逐步加碼。在系統中，我們也要考慮到風險控管，尤其是發生「連續虧損」的情況，可能對心理及系統都是非常大的考驗；賣出時也必須進行資金管理，有效的資金管理，是讓獲利擴大的關鍵。

3. 賣出策略：

賣出可分成獲利出場或認賠停損，其精神在於「迅速停損，讓獲利奔馳」。若判斷錯誤就必須斷然認賠，以避免損失擴大，例如：該筆交易虧損達 15% 或虧損金額達總帳戶資金 1%，就該趕快停手。相對的，在獲利時就要抱緊處理讓獲利持續奔馳，也要避免獲利得而復失，例如：獲利達 20% 就入袋為安，或月季線出現死亡交叉（月線向下穿過季線）就出場。

在進場及出場中間就是「抱緊處理」的時間，面對詭譎多變的市場，如何抱緊也是一門學問，考驗著散戶的投資信念，若能用交易系統來摒除雜訊，才有機會高枕無憂的穩健獲利。

由於交易系統的每個部分並沒有明確的規則，全依個人的經驗與風險屬性來建立適合自己的專屬系統。在建立系統規則時，可以參考其他人的系統，建立系統後建議要進行回測，來確保系統的穩健度。同時也不需要過度最佳化，要記得沒有交易系統是絕對完美無缺的。

偉大交易系統的六大關鍵

在《交易‧創造自己的聖盃》一書中，作者提出偉大交易系統的六大關鍵，這六大關鍵將影響投資人交易結果及投資盈虧。

1. **可靠性**：交易系統勝率。
2. **獲利及虧損的相對大小**：以「迅速停損，讓獲利奔馳」為

原則，也就是大賺小賠。

3. **交易成本**：過高的交易成本長期累積下來也是一筆可觀的數目，透過減少交易費用（例如下單折扣）來降低成本。

4. **交易頻率**：避免過度交易而增加交易成本，所以要降低交易次數，建議別做當沖這種短時間高頻率的交易。

5. **部位大小**：利用加減碼的策略，獲利部位要變大而虧損部位要變小。

6. **資金規模**：資金規模大小，所採用的交易策略也有所不同。

以打雪仗為例，我們在玩雪仗的時候為了不被對方攻擊，所以會躲在一片雪牆後面。所謂的資金規模便決定這面牆可以有多大，10 萬跟 1,000 萬所堆砌出來的雪牆（資金規模）當然大有不同，所以投資的目標是讓雪牆變大變厚。此時對手會向你投擲 2 種雪球：白色雪球代表投資獲利，能讓你的牆越大；黑色雪球代表投資虧損，它會腐蝕你的牆，牆會越變越小。所以我們期望白色雪球出現次數越多、越大顆越好；而相對來說，被黑色雪球擊中的次數越少最好、越小顆越好，即使發生也是小小一顆，帶來些許損傷就好。

如果你的牆一開始太小，那我們會建議你先存錢以累積投資資本，最好是先存到第一桶金（100 萬）再來投資股市。若是資本太小，只要一遭遇大顆或連續黑色雪球來襲，就立刻被淘汰出場了。

模擬交易系統──以台積電為例

　　圖表 4-4 為台積電（2330）在 2017 年的股價表現，實線代表月線（20 日均線）、虛線代表季線（60 日均線）。

　　我們設定交易系統策略如下：

　　● 買進策略：當月季線出現黃金交叉（月線向上穿過季線）時進場買進台積電，在 2 月 7 日時出現黃金交叉，當天收盤價是184.5 元。

　　● 賣出策略：當月季線出現死亡交叉（月線向下穿過季線）時賣出台積電獲利出場，在 12 月 14 日時出現死亡交叉，當天收

圖表4-4　台積電（2330）K 線圖（2017 年）

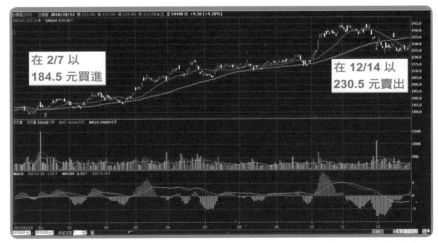

資料來源：XQ 嘉實資訊

盤價為 230.5 元。

　　根據以上簡單的進出場策略，會在 2 月 7 號時出現買進訊號並進場，以 184.5 元買進台積電，而在 12 月 14 號出現賣出訊號，並以 230.5 元賣出。這將近一年的期間內，即使國內、外有消息面的影響，台積電也經歷上下震盪，可是始終沒有未碰到出場條件，最後這筆交易（含股利收入）獲利將近 30% 報酬率；一開始僅買進 1 張又抱緊處理的話，就有 54,000 元的獲利。如果加上資金管理，在這段期間內加碼投資，更可以進一步擴大獲利。只要抓到一個大波段，就足夠讓投資帳戶成長。

　　從上面的例子我們可以發現，交易系統沒有一定規則，每個人都可以建立適合自己的交易系統及規則，但重點是投資人要自律的依照交易系統的規則來進出。這些規則可能帶有參數，例如：均線長度設定、價位突破訊號、財報表現等，在設定參數後建議用歷史數據來進行回測，以驗證交易系統的可靠度。

　　在這個資訊爆發的時代，投資未必要墨守成規，不要將自己限制在某派別或某大師的教條中，因為你所接受到的資訊未必是最「單純」的結果，用基本面、技術面、籌碼面等指標都可以拿來參考、建立分析，應以開闊的態度建立適合自己的交易系統。

　　記得沒有任何指標是最好的，重點在於能否將指標轉化成適合自己的交易系統，是自己的東西才能夠抱緊處理。

股海老牛這樣抱緊處理

1. 黑天鵝要來了嗎？別怕！

　　大多數投資人屬於風險趨避者，也就是對於賠錢感到非常心痛，加上媒體所散布的消息令人恐慌，使得交易時因害怕虧損而影響交易情緒。貪婪、恐懼、後悔、不確定感這些負面情緒更造成投資人誤會，認為股市下跌回檔就是末日即將到來，往往做出相當不合理的交易行為。其實只要以正確的態度來面對金融市場，即便是真正的黑天鵝來襲，也能處變不驚的安然度過，還能夠擁抱未來「不漲停但漲不停」的大行情。

2. 懂得規避風險，才能邁向抱緊處理的王道

　　相較於定存或其他風險較低的金融商品，股市投資人必須承擔較高的風險，才能獲得超額報酬。這並不表示要憂心忡忡於風險之上，只要了解風險、擁抱風險、規避風險，藉由事前計畫降低風險、謹慎選擇投資標的、倚靠交易系統、配置投資組合，以及深入研究投資標的，便能加強自己的持股信心，更有助於抱緊處理。

3. 訂好交易策略並嚴格執行

　　「長期投資」四字並非獲利保證，應擬定一套專屬的 SOP 交易策略，訂好進出場、資金管理、加碼、減碼、停利、停損的管理機制。要不然定存股很可能變成地雷股，長期下來不僅損害

自己的資產，也浪費寶貴的時間。

投資比的不是誰比較優秀或聰明，有時簡單的策略也能贏過大多數的專業操盤人。頂尖交易者最重要的共通特質，就是採用了一套適合自己的交易系統──不妄加預測、事先做好運作計畫、有條有理的執行。所以讓交易系統更加穩健的方式，就是訂定適當的規則，讓系統可以面對市場的各種狀態，但仍須讓系統保持簡單，不受市場變化影響。因此，投資人必須自律、依照交易系統的規則進出。

第五章

「理」：
理智配置投資組合，順勢加減碼

「心中有定存股，手中無定存股。」

夢幻球隊般的投資組合

1990 年時，由日本漫畫《灌籃高手》帶動起來的籃球熱，使得當時學校裡的男生都夢想成為那帥氣的流川楓，我也不例外的愛上籃球這項運動，連下課只有十分鐘也要衝去打籃球。而在 1992 年，美國集結了麥可・喬丹（Michael Jordan）、史考提・皮朋（Scottie Pippen）、魔術強森（Magic Johnson）等 NBA 的一流球星，組成了夢幻球隊、挺進巴塞隆納奧運，最後以全勝戰績輕鬆奪冠，真的稱得上是夢幻球隊。

為了避開風險，我依循著「不要把雞蛋放在同一個籃子裡」的理念，採取買進數家穩健的公司來組成夢幻投資組合。可是在台股中有超過 1,600 家上市櫃公司，好比球場上的球員因為打的位置不同、需要的條件也有所不同，除了公司產品、市場區隔不一樣，其公司體質也不盡相同。所以要放入投資組合前，一定要加以比較各家公司的差異性，甚至需要確認公司處於景氣循環的位置，才能歡迎他加入、成為夢幻投資組合中的一員。

前面提到，許多人剛進入股市時，都先參考新聞媒體的消息，所以人們注意到的股票大都是熱門股。熱門股的特性就是短期內強勢上漲、股價相對較低的中小型股；因股價較低，容易吸引散戶的目光進場買進，結果買進之後就開始套牢，接著又因為損失趨避（Loss Aversion）的心理效應，讓散戶害怕虧損而不願賣出，導致個人資金變成一灘死水，無法有效的利用投資組合來處理風險。

對投資人而言，除了在順勢時，應懂得管理自己手中的投資組合，創造超越大盤的報酬率，更重要的是在逆境中保全自己的資金，以待股市反轉的時機。投資股市是個學習的歷程，務必要從中淬煉出一套專屬的投資組合、進出場與加減碼的方法，才不會手忙腳亂。

投資組合的原則

要想持續投資獲利，必須知道「管控風險」這舉足輕重的地位，而我們可以藉由投資組合提高報酬率，除了能在市場處於多頭趨勢、獲得高於市場的平均報酬，更能在黑天鵝到來時，將自己的損失降到最低。

在建構投資組合時，我常被問到要納入怎樣的股票，才算好的投資組合。我會建議掌握低風險及低相關這兩個原則。

● 低風險：篩選出獲利佳、成長力強、負債低、現金飽、市占率高等較其他公司出色又具競爭力的企業。

● 低相關：投資組合中的各家企業，因產業不同、族群不同、市場不同，使得彼此之間相關程度較低，避免突發事件發生時引起同樣的跌價效應。

有鑑於前述兩個原則，我們選擇增加投資不同標的，以期用多元化的方式分散風險，並注意降低不同標的之間的相關性。

例如：黃金與美元的走勢呈現負相關。黃金有「類貨幣」的
屬性，與美金又互有替代性，並且黃金是用美元計價，兩者有一
定程度的負相關。北韓試射飛彈、中東地區發生戰事都使黃金價
格應聲上揚，美元呈現弱勢；反之，當黃金需求降低時，黃金價
格也會相對遭到打壓，美元便走勢往上（見圖表 5-1）。

圖表5-1　美元及黃金的走勢圖（1999／01～2018／10）

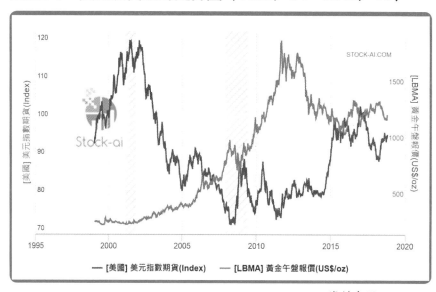

資料來源：Stock-ai

　　在股市中，因為產業競爭關係、淡旺季效應等因素，使得不
同族群出現相反的走勢。在台股市場，各類股長期走勢大致與大
盤一致，不過台股以電子股為主流、占比較重，而在短線資金流

向的影響下，如果電子股出現漲勢，一般來說傳產及營建族群的表現就會弱於大盤。不過一旦資金流向傳產及營建族群時，電子股也就相對黯淡無光。

管理投資組合的正確態度

臺灣素為一個水果王國，一年四季都有好吃的水果，春天有香味均優的茂谷柑，夏天有甜美多汁的芒果與西瓜，秋天有細嫩清脆的水蜜桃，冬天則有令人充滿粉紅幸福感的草莓，可口又多樣化的水果令人再期待不過了。

不過各種水果的生長條件可不同，以我最愛吃的芒果為例，芒果對土壤質地要求並不嚴格，但需要高溫、充足陽光的環境，並且在降低病蟲害的情況下配合老天保佑，才能產出色澤亮麗、香甜可口的芒果。

散戶投資股市也要像農夫耕種一般，須了解農園的環境；詳細知悉各種作物的特性，例如適合怎麼樣的溫、濕度或養分，來調整農地環境、澆水施肥；有害蟲出現時勤勞的去除，細心呵護並耐心等待其成長茁壯。最後果實成熟的那天，將它們收割、運到市場販賣，才能得到高額的報酬。

一般來說，投資組合的態度是以風險管控出發，所以目標為「在報酬一定的條件下，將投資組合風險最小化；在風險一定的條件下，將投資組合報酬率最大化」。管理投資組合時，正確的態度應是兼容並蓄，無論大型股或中小型股、熱門股或冷門股、

價值股或成長股都要納入考量，並由投資人本身的風險承受程度，來決定如何配置組合、決定配置的比例。

很常有網友來問我：某檔股票是否適合買進？其實我無法替他們決定能否買進，因為我並不清楚他們的風險屬性、資本大小，或目前投資配置等狀況，隨意加入投資組合，反而打亂組合中的配置加乘效果，未必是一件好事。所以投資組合是必須經過深思熟慮的。

在 2018 年 10 月因為中美貿易戰所引發的股災，讓投資大師羅傑斯都說：「70 年來最大熊市即將到來。」許多投資人心慌意亂、手足無措。雖然這次股災讓整體資金出現近 3% 的未實現虧損，可是我心中卻未受影響，對當下投資組合仍具十分信心，繼續抱緊緊；事隔三個月後，市場已從驚嚇中回復，大盤指數一路回升，我的資金不但轉虧為盈，更出現 6% 的大幅成長。可見建構出一套值得抱緊處理的投資組合十分重要，即便是再次發生股災也不會動搖。

設定獲利目標，擬定投資計畫

身為上班族的我們，總羨慕那種認為「上班只是來交朋友」的人，或夢想年領百萬股利，事實上在退休前要達到年領百萬的夢想，並非不可能。只要我們懂得理財，從出社會領薪水之後，先將每個月的薪水分成三等分，1／3 作為房租或房貸支出；另外的 1／3 則作為日常花用；剩下 1／3 則拿來投資。若有多出來

的錢，就可以另外存起來當預備金，視情況再投入股市，加速達成年領百萬股利的夢想。

若以剛出社會的新鮮人來說，一開始沒有太多薪水投資，因此可以考慮第一年先以每個月 3,000 元投入股市，之後再逐年增加投資金額；若之後逐年增加 1,000 元，以每年的投資報酬率 7% 為例，雖然第一年只有獲利 2,520 元（見下頁圖表 5-2），但在長期投資及複利的威力下，將每年獲利持續運用於股市中，那麼在第 12 年，會有將近 12 萬元的報酬，等於每個月幫你加薪一萬元。

若持之以恆，在第 30 年準備退休時，每年的股利收入就已經超過了百萬元，可以說達到了財務自由，光是每年領取股利就已足以讓你安享退休生活。

擁抱投資組合不手忙腳亂

前二章我們提到，葛拉漢的投資哲學是專注於資本安全，強調分散投資以降低風險。而研究發現，資產個數或投資組合內股票總數的增加，對投資組合風險的分散有很大的作用。

原則上，當投資組合中的資產數目增加，可以降低投資組合風險，並消除大部分的非系統風險。但隨著投資組合中資產數目一直增加，因為系統風險（市場風險）無法藉由多元化消除，所以，當投資組合的股票種類超過了 15 檔股票之後，投資組合風險幾乎就不會下降。

圖表5-2　30 年定期定額投資，年領股利報酬表

年度	投資金額（月）	年度總和	年領股利報酬率	股利收入	總投資金額
1	3,000	36,000	7%	2,520	38,520
2	4,000	48,000	7%	6,056	92,576
3	5,000	60,000	7%	10,680	163,257
4	6,000	72,000	7%	16,468	251,725
5	7,000	84,000	7%	23,501	359,225
6	8,000	96,000	7%	31,866	487,091
7	9,000	108,000	7%	41,656	636,748
8	10,000	120,000	7%	52,972	809,720
9	11,000	132,000	7%	65,920	1,007,640
10	12,000	144,000	7%	80,615	1,232,255
11	13,000	156,000	7%	97,178	1,485,433
12	14,000	168,000	7%	**115,740**	1,769,173
13	15,000	180,000	7%	136,442	2,085,615
14	16,000	192,000	7%	159,433	2,437,049
15	17,000	204,000	7%	184,873	2,825,922

總投資金額＝前一年度總和＋投資金額（月）×12＋股利收入

年度	投資金額（月）	年度總和	年領股利報酬率	股利收入	總投資金額
16	18,000	216,000	7%	212,935	3,254,857
17	19,000	228,000	7%	243,800	3,726,656
18	20,000	240,000	7%	277,666	4,244,322
19	21,000	252,000	7%	314,743	4,811,065
20	22,000	264,000	7%	355,255	5,430,320
21	23,000	276,000	7%	399,442	6,105,762
22	24,000	288,000	7%	447,563	6,841,325
23	25,000	300,000	7%	499,893	7,641,218
24	26,000	312,000	7%	556,725	8,509,943
25	27,000	324,000	7%	618,376	9,452,319
26	28,000	336,000	7%	685,182	10,473,502
27	29,000	348,000	7%	757,505	11,579,007
28	30,000	360,000	7%	835,730	12,774,737
29	31,000	372,000	7%	920,272	14,067,009
30	32,000	384,000	7%	**1,011,571**	15,462,579

如果投資組合中有超過 15 檔以上的話，反而會造成以下困擾：

1. 小資族資金不夠充裕：

小資族能夠拿來投資的資金已經相對較少，根本無法投資太多標的。以一檔股價為 20 元的股票來計算，投資 15 檔股票就代表要有 30 萬元的資金。況且，許多績優的公司股價大都超過 20 元，因此小資族的資金無法分散到過多的標的。

所以我建議，**小資族可以利用「零股」投資來分散風險**。過去我們不習慣零股投資，不過現在交易方便、手續費低廉，以一個月定期定額 3,000 元輕鬆買進一檔 10 萬元以上的「百元俱樂部」零股，讓小資族也能建構有成長性的高價股投資組合。

以我自己以零股投資術來買進股王大立光的經驗，來告訴大家，老牛曾在 2018 年的 3 月時陸續在 3,600～3,800 元之間買進大立光零股，雖然一度續跌到 3,000 元附近，但在後來盤勢回穩而大漲，之後在 7 月中時以 5,015 元賣出，單筆交易獲利高達 39.3%。

2. 持股過於分散造成平庸的報酬：

假設投資比例一致時，當持股 A 上漲 5%，持股 B 跟 C 卻同時下跌 2%，結果僅有 1% 的報酬。若持股過於分散，會讓收益及損失互相抵銷、無法有效的提升投資組合的績效。巴菲特也告訴投資人，**要專注挑出好的投資標的、集中全力持有**，並仔細

觀察調整，才能獲取最佳報酬。

3. 無法深入追蹤及研究：

　　對我而言，每一檔個股都該深入研究，並在未來持續追蹤每月營收、每季財報、公司年報及產業展望。過去的經驗告訴我，當投資組合超過 15 檔，反而會出現貪多嚼不爛、搖擺不定等負面效應，反而不利於投資組合。因此，深入了解、累積充分的知識，才能在上漲時採取正確的策略，並降低空頭降臨時的恐懼。

建立專屬投資組合

　　我們可以透過了解風險本身，來控制投資組合中的風險、降低投資組合的波動度，以達到長期報酬率向上。而每位投資人可依據自己的屬性以及風險承受能力，來建立專屬的投資組合。

● 「新手」：使用指數型投資，獲取市場報酬

　　股神巴菲特告訴我們：「對一位投資新手來說，想獲得市場成長給予的報酬，可以用定期定額的方式投資指數型 ETF。」

　　指數型投資的特色，就是讓一流的公司及企業家為你工作，避開因挑選到單一地雷股而使你的資金付之一炬，它也具備「簡單」、「安全」、「有績效」等效果。

　　臺灣規模最大的元大台灣50（0050）就是屬於指數型投資的一種，適合投資新手和不想在投資上花太多時間的人，並提供投

資人合理的市場報酬。

　　針對無暇研究行情的上班族，若看好市場未來的趨勢，「定期定額」肯定是最適合的投資方式，無論何時都是進場時點，漲也買、跌也買，長期下來就會買在平均價格，成功提高投資勝率。「定期定額」也能有效幫助股市小民克服人性弱點，培養恆心、紀律的投資心態。

$ 老牛小教室

台灣 50（0050）是什麼？

　　元大台灣 50 ETF（0050）是臺灣第一檔 ETF，是由元大投信（當時為寶來投信，2012 年與元大投信合併）發行，於 2003 年 6 月 30 日上市。主要標的為選取台股市值前五十大公司。

　　元大台灣 50 ETF 的資產規模從 2003 年的 35 億元，成長至今年 6 月 21 日的 720 億餘元，日均成交值也穩坐台股 ETF 第一的寶座，15 年來的年化績效報酬率更高達 8.8%，遠高於同期臺灣加權股價指數年化報酬率的 5.5%。

　　過去元大台灣 50 ETF 1 年配息 1 次，但近年已改為 1 年配息 2 次、年配息率達 3%。

資料來源：證交所

● 「進階」：尋找績優公司，建立專屬的投資組合

若是個性適合主動投資的朋友，透過追蹤企業的營運狀況，並評估管理者的實力以及其對企業的未來展望，將資金投資在經營管理表現優異的企業。在正視風險並加以控管的狀況下，建議

$ 老牛小教室

ETF 是什麼？

ETF（Exchange Traded Funds）的中文為「指數股票型證券投資信託基金」，簡稱「指數股票型基金」。

ETF 即為將指數予以證券化，由於指數是衡量市場漲跌趨勢之指標，因此所謂的指數證券化，是指投資人不以傳統方式直接進行一籃子股票之投資，而是透過持有表彰指數標的股票權益的受益憑證來間接投資。

簡而言之，ETF 是一種在證券交易所買賣、提供投資人參與指數表現的基金，ETF 基金以持有與指數相同之股票為主，分割成眾多單價較低之投資單位，發行受益憑證。

ETF 商品特色：

1. 被動式管理，追求指數報酬率。
2. 獨特之實物申購／買回機制，使其市價貼近淨值。
3. 兼具股票與指數基金特色。

資料來源：證交所

能夠自行建構專屬投資組合，來追求超越大盤的報酬率。

華爾街的經典名言：「行情總在絕望中誕生，在半信半疑中成長，在憧憬中成熟，在充滿希望中毀滅。」經濟有一個擴張、收縮、衰退再復甦的循環週期，而高手能從景氣循環中找到獲利的最大機會。

因為景氣循環的週期為 3 年到 5 年不等（見圖表 5-3），並且需要分析總體經濟及掌握景氣循環的能力，即使你是百年一見、骨骼精奇的投資高手，也未必能精準掌握。所以我建議以能力圈出發，仍先鎖定熟悉的產業來分析。

圖表5-3　景氣循環圖

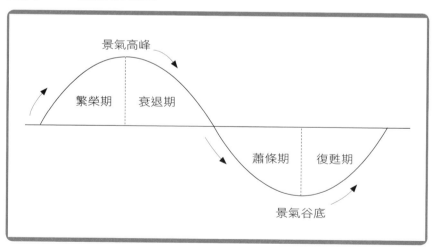

記得核心持股搭配衛星配置

　　我建議剛進入股市的新手，不要讓你們的報酬率劇烈起伏，而是記得做資產配置，才能逐步累積資產。能夠穩健累積資產的方式，就是將持股分成「核心持股」與「衛星配置」。

　　「核心持股」的主要目的在於創造穩健的現金流，其持股標的以防守為出發點，因此選擇持續發放股利的大型股，以便空頭來襲也能提供穩定的現金流。而大型股因為在外流通的股本較大，其股價的波動幅度就相對較小。「大象也會跳舞」，如果你找到一檔會成長又穩定的大型股（例如台積電），那就恭喜你，請記得抱緊處理，長期投資它可以穩穩的賺進合理報酬。

　　「衛星配置」則是依照投資組合中的分散程度來調整，其持股標的以攻擊為出發點，因此選擇成長型的中小型股。由於其風險及波動度都偏高，所以當多頭行情、資金猛烈漲勢時，常都聚焦在這類型的股票，並幫助投資人拉高投資報酬率；選擇中小型股的話，則以「成長」為優先考量，面對全球化競爭環境，如果中小企業無法在競爭中成長，就容易被其他公司取代，隨之而來的便是面臨獲利衰退的風險（見下頁圖表5-4）。

　　不過投資人千萬別本末倒置，若只看到中小型股的高報酬而忘記其高風險，就會相當悽慘。因為當股災來臨時，中小型股幾乎都是提前反應、早跌得亂七八糟，這樣會使自己的投資組合受到重擊，例如在 2018 年 10 月股災時，許多中小型股的股價面臨腰斬，讓投資人黯然離開市場。所以我建議「先求穩再求好」，

先買好、買對核心持股，再來進行衛星持股配置，才能平衡整體
投資組合的風險及部位大小。

圖表5-4　核心持股與衛星持股的比較

	核心持股	衛星配置
規模	大型股	中小型股
股本	> 50 億元	≤ 50 億元
屬性	防守	攻擊
報酬率	低	高
波動度	低	高
風險度	低	高

⑤ 老牛小教室

大象也會跳舞，意指……

通常是指一些股本較大、成交量較高的大型龍頭股。
這類型的股票成交量比較高，不會因為散戶買了 10 張或者
100 張就出現漲停。

所以「大象不會跳舞的大型股」指的就是成交量高（不
易受黑手操控）並且股價走勢穩定的大型股。

高難度的逆勢加碼
——千萬別跟趨勢作對

　　價值投資，是找出具備以下兩種條件的公司——市場上的價格低於公司的內在價值，並且有足夠大的安全邊際。投資人只要買進後長期持有，都能獲得不錯的報酬；不過一旦市場的價格形成一股趨勢後，就會持續一陣子，因此採用價值投資法，買到的價格趨勢通常都是往下的、甚至不曉得股價底部在哪，所以說這種越跌越買的逆勢加碼風險很大。

　　對於新進股市的投資人來說，我並不建議採用逆勢加碼的方式。上一章跟大家講述到如何面對交易情緒，通常來說，新手無法妥善的處理交易情緒，容易隨股市的震盪而起伏；再加上不懂得分析財報、觀察市場風向，便一腳踏進越買越便宜的價值陷阱中。

　　股市中有一句經典的名言「不要接下墜的刀子」，代表股價下跌時仍深不見底，若採逆勢加碼，可能會在不對的位置加碼、甚至把資金用罄。最後在股價跌跌不休、資金卡住的雙重壓力下忍痛停損，結果隔沒多久，股價反而開始上漲；這種認賠殺出的虧損壓力，再加上沒賺到股價回漲的壓力，會讓自己更加氣餒。有些人甚至經歷過這些事情後，選擇離開股市，相當可惜。

　　以豐藝（6189）為例，其主要業務是電子零組件之代理經銷，以及面板模組之研發及銷售，屬於電子通路商；也是幾年前風行的高殖利率定存股之一。可是這幾年，豐藝的股價隨著獲利

降低，股價亦隨之下跌，即便發放相當優渥的股利，仍無法挽回
股價頹勢。

　　若是在前幾年買下它，並且不斷的逆勢加碼，直到目前仍無
法獲利。以每個月定期定額 3,000 元零股買進豐藝來說，近三年
年化報酬率僅有 0.48％，連 1％ 都不到，代表存股三年還不如放
在銀行定存（見圖表 5-5）。公司營收雖偶有不錯的表現，但能
否重回 2015 年的高獲利水準，我們仍無從得知。不過以逆勢加
碼的方式來說，小資族若選擇投資豐藝，資金會無法動彈。

圖表5-5　豐藝（6189）股價表現

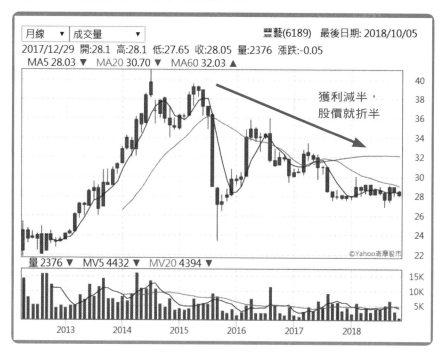

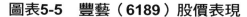

總結來說，為什麼我不建議越跌越買的原因：

1. 下跌像把銳利的刀

當一檔股票開始下跌時，大戶會先開始拋售股票，由於股價通常都在高檔，所以下跌時散戶會產生壓力，因為股價下跌的慘況仍然深不見底，形似一把極為銳利的刀、狠狠的刺在你身上。

2. 心理壓力影響

股票剛開始下跌時，若投資人仍為獲利，即便有影響但壓力較小；倘若從獲利轉為虧損，投資人心中會想這應該只是一時的，再等等應有機會漲回來；最危險的是下跌引發的虧損擴大，導致投資人的心理壓力變得相當沉重，可能會到無法負荷的程度，並開始質疑自己的投資方式。

3. 加碼在山腰資金已耗盡

如果你是屬於越跌越買的重壓型投資人，若沒有適當的加碼計畫，通常會在價格非常近的區間就開始連續加碼，所以大概在半山腰就用完加碼的資金了，可是股票這時仍在下跌，那麼你就會陷入要繼續持有、還是停損出場的窘境。

4. 容易停損抱不緊

當心理壓力變沉重時，投資人會傾向轉移目標，結果發現另外一檔股票開始上漲，心中就想乾脆把下跌的股票停損，再把資

金轉移過去，未盡周延思考就倉促賣出股票。除此之外，由於人性不喜歡保留虧損的部分，因此更容易使用賣出停損的方式，而把長期投資的想法拋諸腦後。

所以「越跌越買」這種加碼方式，會使投資人最後承受不住壓力而賣在最谷底，然後眼睜睜看著股價在自己賣出後上漲。此時，便更加懷疑自己的投資方式是否正確，同時還影響到正確交易系統的建立，更慘的是造成後續一連串「厭世」的錯誤投資行為。

順勢加碼才安心
——搭著趨勢的風向前進

如何選出好的價值股及成長股，是投資必學的課題，不過從身邊的許多例子可以發現，即使選擇好公司及等待買進時機、看準績優的公司股票並以優惠價格買進第一筆、股價也的確如期逐步走升，若沒有趁機「加碼」買進、擴大獲利，從頭到尾只有一筆單，實在相當可惜。

因此，股市成功聖盃最重要的一環即為「適時加碼」！

那麼該如何加碼才能讓投資人更安心？為了避免前面所說明的逆勢加碼幾項問題，我建議採取「正金字塔加碼買進法」比較安全。

正金字塔加碼買進法指的是像金字塔般最底下最寬廣的區

域，然後往上寬度逐漸變小；代表投資人在第一筆價格最低時，
買進的部位最大，然後隨著股價逐步上漲，再買進第二筆或第三
筆，但買進數量要小於（或等於）前一筆（見圖表 5-6）。至於
加碼的次數可以依照資金的多寡、預計上漲的區間、當下股票的
強弱等不同狀況來決定，一般來說建議加碼次數至多為 3 次。

圖表5-6　正金字塔型買進加碼法

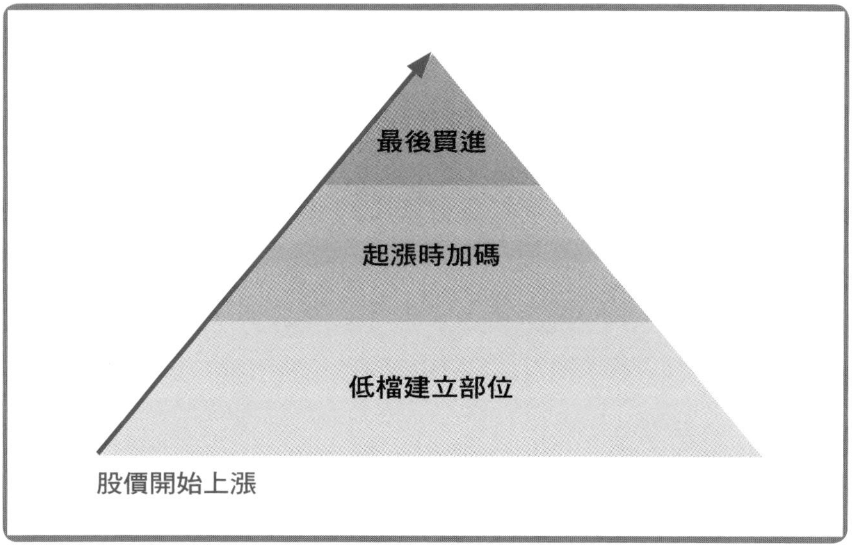

最後買進

起漲時加碼

低檔建立部位

股價開始上漲

採用正金字塔加碼買進法的好處：

1. 平均持有價格較低

第一筆買進時的股價處於低檔，再加上買進數量較多，即便

股價上漲後再加碼的買進成本較高，但由於買的數量比前次少，所以其平均持有價格便不會拉高太多。低檔買進、建立部位就像站穩腳步，是迎向抱緊處理的第一步。

2. 有獲利較容易抱緊

有獲利的帳面價格彷彿讓投資人吃了一顆定心丸，不像逆勢加碼看到帳面虧損而造成壓力。即便股市上下震盪或後續加碼失敗，也僅是回吐部分獲利，整體來說仍有獲利。

3. 搭著趨勢往上漲

在股價上漲的時候有「吸睛」效果，容易吸引其他投資人買進，所以股價會緩步上漲，然後再吸引更多人進場拉抬，使得股價像乘風而行的風箏般越飛越高，這時我們就能輕鬆、愜意的等著獲利出場的時機。

不過在進行加碼前，先記得請以三個原則為主：

1. 有獲利再加碼。
2. 獲利未拉開時避免反覆加碼。
3. 跌破加碼點重新檢視策略。

所以，正金字塔型買進加碼法兼具安全又能讓投資人抱緊處理。如果深入研究後研判仍是好股票的話，請在「嘴角開始上揚

時」加碼，這樣你也能夠隨著微笑曲線一起安心微笑、最後開心放聲大笑！

別忘了獲利出場

反之，決定賣出的方式則採倒金字塔型減碼賣出法，這次則是相反，在第一次股價較高時賣出的數量最多，倘若股價持續下跌就逐步賣出，但第二次或第三次的賣出數量，則較前次少（或相同）；建議也分 3 批逐步賣出。這樣可以獲得較大的價差報酬，以及減少股價上漲的風險（見圖表 5-7）。

圖表5-7　倒金字塔型減碼賣出法

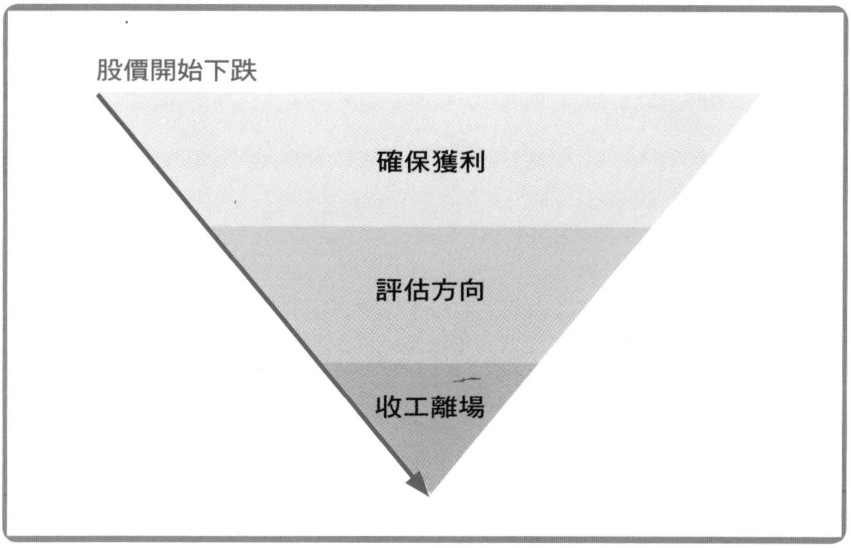

雖然現實的股價走勢較為複雜，時常是大漲後伴隨大跌、甚至漲跌互見，但未必如同我們所說的方向出現。不過投資人只要一將時間拉長看就會發現，盈餘轉佳的公司股價，其走勢仍是一波穩定漲勢，而公司獲利變弱時，就會逐步轉為下跌。

迅速停損，讓獲利奔馳

《蘇黎士投機定律》（*The Zurich Axioms*）一書講到輸家跟贏家在遇到逆境時，最重要的差異在於輸家總是消極、被動的倚靠希望，而贏家則能積極、主動的努力保全自己的資金；除此之外，在《走進我的交易室》（*Come Into My Trading Room*）一書、有關資金管控的章節中，也說明為了因應突發事件或連續的失敗交易，投資人必須進行「停損」。

停損有兩個意義，是我們「願意承擔的最大損失」及「設定獲利的衡量基準」。倘若停損的範圍設定太小，會提升交易失敗的機率，也會造成進出過於頻繁而累積可怕的交易成本；設定過大，則導致損失慘重。因此在設立停損點時，請以自己能承受的最大損失為原則。

2018 年 2 月美股出現史上最大跌幅，一天之內跌掉千點，在短短 3 個交易日內市值就蒸發 30 兆，投資人無一倖免。而面對這種快速且劇烈的下滑時，我們可以考慮將投資組合稍作調整，趁勢將表現較弱的股票降低比例，然後轉移到較安穩的股票或留著現金，畢竟留得青山在，不怕沒柴燒。

如果你已經觀察到公司財務體質有變差的狀況，就要重新計算安全邊際是否仍在可接受範圍內。倘若安全邊際已不復存在，就要趁股價尚未出現大幅反轉、僅有小幅虧損時快速賣出、收回資金，來保障自己的財富，而這些資金還能靈活運用於未來。

一般而言，停損的原因大致可分為以下四類：

1. 買進原因消失

前面提過，我們買進一家公司時，已經對其財務體質及獲利成長性做過一番調查與仔細評估，並逐季檢視公司的財報表現，而當我們買進這家公司的持有原因已經消失時，就建議考慮賣出。例如：潤泰新（9945）原本年年皆發出不錯的股利，可是在 2016 年宣布旗下轉投資的南山人壽因未實現資產減損擴大，造成潤泰新帳上虧損 8,936 萬元，依照法令規定，沒有可供分配盈餘，配發股利為 0 元，跌破眾多存股族的眼鏡。

2. 跌破支撐點

以價格當成一個支撐點是最常見的方式，畢竟股價高低代表投資人買進的價格，如果目前股價高於自己持有的價格，就可以安心持有；反之若目前股價跌破支撐點，或許有人會開始心慌意亂的想賣出持股，造成一股賣壓出籠。

通常來說整數價位是一個最為常見的支撐點，當股價面臨 20、30、40 等價格關卡時，較不易向下跌破整數價格，有許多投機者會在整數價位承接出現支撐力道，但倘若連整數價位都無

法支撐時，股價則會一路向下滑。

　　所以我們常可以看到，新聞說某檔股票的股價**跌破年線**，就是指在這一年中，投資人買進的平均價格已經高於目前的股價，使得許多人可能因而急於賣出股票。所以在跌破價格支撐點時，短期內由於投資人的賣壓，會形成一個價格壓力點，使得股價無法上漲。

　　除了價格支撐點外，我們也可以將**營收支撐點**列入考量，例如鴻海除了在淡季以外，每個月幾乎都有 3,000 億以上的營收，若在旺季時營收突然跌破 3,000 億，就得注意跌破的理由為何。此外也能以毛利率、營益率、ROE 等數據，作為支撐的選擇條件。

3. 籌碼出現異常變化

　　籌碼的概念是股票的流動狀況，若公司股票集中在主力身上，則有可能出現一波大力拉抬行情；倘若公司股票分散在眾多散戶身上，則力量就會分散，在行情下跌時也常出現一波下跌趨勢。

　　當我們觀察公司股票的交易情況時，若出現異常變化，則要留意是否有狀況發生，例如成交量突然暴增、法人買賣情況、董監事減少持股等籌碼變化情形。

　　不過法人每日成交狀況是由證交所統計，並在每日盤後公布，屬於短線指標。當短線出現變化時，也很容易讓投資人陷入恐慌而做出錯誤的決策。例如外資採取一天買超、一天賣超，抑

或買賣超數量差距不大時，投資人可能每天隨著外資上沖下洗，在修為不足時未必能抱緊股票。

如此一來，除了影響交易情緒外，也可能錯過後來的「不漲停但漲不停」的大行情，所以我會建議投資人觀察法人籌碼時要謹慎對待，避免被迷惑。

4. 其他（損失固定金額／固定％數）

雖然我認為，以固定金額或固定％數來當成衡量停損的時機較不合理，但實屬必要。《走進我的交易室》的作者亞歷山大・艾爾德（Dr. Alexander Elder）就提到，小心碰到鯊魚一口將你的資金吃掉；甚至要限制每個月帳戶中的虧損金額，以免買錯標的，就像被食人魚啃食掉你的資金。

而「停損」這個做法是否正確，僅能事後定論。但若從投資標的基本面中、發現逐漸衰敗的跡象，就像從身上發現傷口在滲血，我們第一時間想到的就是立刻止血。所以說，在投資路上必須先學會止血停損、克服心魔，才能邁向穩定獲利之正途。

股海老牛這樣抱緊處理

1. 用投資組合來分散風險

在投資中，風險是不可避免的，所以我們應仔細分析來勇於面對風險，而建立投資組合時的正確思維是：

（1）尋找適合的標的。

（2）分析預期風險與報酬。

（3）建立投資組合。

（4）結合投資目標。

　　我所抱持的是長期投資理念，絕大部分皆是滿手股票的狀態，頻繁的進／出交易都使成本增加，例如：手續費及交易稅，這些成本都影響到投資的績效表現。所以無論進場、加碼、減碼都需要仔細考量，絕不該因為盤勢下跌而倉促下決定。

　　只要價格合理，就應持續累積數量，並將每年領取的股利再投入股市中。如愛因斯坦所言：「複利是世界第八大奇蹟！」若我們將股利再投到投資組合中，便能創造更多的收益。好好照顧這個投資組合，並持續尋找更有潛力的標的，汰弱留強。

2. 克服「停損」的心魔

（1）一定會損失部分資金。

　　「留得青山在，不怕沒柴燒。」若資金都被卡住，之後遇上更好的投資機會，豈不是白白的看著它溜走，只要拿回現金就能把握下次投資的機會。

（2）不要怕後悔。

　　擔心停損後走勢卻回升了，這是有可能碰到的，但投資人不要怕後悔；其實比較常見的情況是盤勢會繼續變壞，並至少持續

一段時間。

（3）必須承認過錯。

失敗者每每為了迴避痛苦，反而經常陷入不利的境地。愛因斯坦曾說：「犯過錯誤，並不是壞事，更不是什麼恥辱，我們要能勇於承認和改正錯誤。」這也使得愛因斯坦終能取得卓越的科學成就。

「仙人打鼓有時錯，腳步踏差誰人無。」即便是優質公司，也有一時落難、走下坡的時候，導致存股反而變成「存骨」。所以我要再次提醒投資朋友們：「投資一定有風險，停損是保命之道！」

愛迪生曾說：「失敗也是我所需要的，對我來說，它與成功一樣有價值。」投資朋友應該著重在「大賺小賠」，抱緊現金、靜待價值投資的機會出現，並把虧損經驗當成下一次「獲利」的墊腳石，才能在這條財富自由的路上，走得越遠、越長久！

3. 勇敢加碼，才能帶來豐碩獲利

「萬事俱備，只欠東風」，現在我們知道如何挑選優質企業、尋找買進時機、培養正確心態，但能否獲得豐碩的獲利，其重點在於勇敢加碼，因此我建議用正金字塔型加碼、倒金字塔型賣出。

因為每個人的風險屬性皆不同，需要了解訂定投資組合的比

例，並找出最適合你自己的投資方式，使投資組合運作更加順
利。記得：「沒有最棒的投資法則，唯有最適合自己抱緊處理的
投資組合！」

後記

抱緊處理才能迎接財富自由

為分享知識而克服困境

當出版社與我洽詢，希望能將「抱緊處理」的心法與眾多投資人分享時，老牛心中有些猶豫出現，並不是想藏私，或不與其他人分享，只因為了成就這本書，需要克服兩個困境：

1. 打字速度較慢：

高中時因腦部腫瘤壓迫到神經，開刀後左半部較沒力氣活動，受到不少影響。即便開完刀後積極復健，不過左手仍無法精巧的在鍵盤上打字，所以書中的每個字都是僅用右手慢慢的將一字一句敲出來的，所以構思書的內容與連同撰寫的時間便較慢。

2. 作息時間調整：

身兼上班族、稱職老爸、好老公及部落客等「斜槓」身分，實在忙到抽不出時間來寫書，只得調整作息、犧牲睡眠時間，每天固定凌晨三點起床來寫書（冬天的清晨起床真的非常折磨

人），利用這段無人打擾的時間，與各位分享理財知識、個股分析與產業趨勢。幸好順利克服這些困境，才能將「抱緊處理」的心法完整呈現給各位讀者。

擁抱正確理財觀方為上策

五、六年前，老牛在母校給學弟妹的演講《人生別再那麼起伏行不行》上，就提到一段話「給人金錢是下策，給人能力是中策，給人觀念是上策」，勉勵學弟妹們在學校時除了要培養專業能力外，還要學習投資理財觀念。理財沒有「萬事俱備」的那天，理財不是一天、兩天，而是一種生活態度，趁早開始規劃，就能提早享受被動收入給你帶來的財富自由。

從那時我也同時在網路上分享投資理財知識與投資股市方法，不過在部落格文章中的隻字片語，較無法完整的闡述「抱緊處理」的精神，所以感謝大是文化能給予這個機會，讓我能夠將「抱緊處理」的四大心法完整的告訴投資大眾，並且抱住成長與價值兼具的投資聖盃。

抱緊處理才能迎接財富自由

投資是透過分析研究，得到預估投資標的報酬率，再將資金投入預期能獲利的投資標的。若未經分析研究，也不懂得評估風險就投入股市的人，那是投機者。投機者常會隨著市場隨波逐流，一會兒忙著買進，過一會兒又忙著賣出，最終得到平庸的報酬率，抑或是虧損畢業居多！

　　上班族雖然朝九晚五的工作，回家之後仍要利用僅有的時間、來學習投資基本功。對於投資，也更要懂得如何抱緊處理。「耐心」能加速財務自由。以兩項成功的特質「堅持」與「耐性」來打造專屬投資方程式。老牛從十幾年的投資經驗中，歸納出「抱緊處理」四大心法，提供給各投資人參考，希望本書能成為在股海中茫然的投資人的一盞明燈，期許你們往財務自由的目標邁進。

股海老牛推薦，
20 檔最佳抱緊股，
讓你穩穩賺 100％

從這本書中我們學到了抱緊處理的心法，老牛也在這裡提供 20 檔成長及價值兼具的潛力股清單，讀者可依照個股屬性及風險承擔能力從中挑選 10～15 檔來建構專屬的投資組合。而部分股票價位較高，可能會對小資族造成壓力，老牛建議可以採取零股方式買進。

　　整體來說，選股策略著重於分散不同產業及市場中，例如：從傳統產業的油電燃氣、化工、塑膠、金融再到高科技的資訊及半導體產業，藉由分析過去公司營運表現及比較歷史股價來判斷目前的屬性，此時就必須評估未來的成長力道。

　　選股重點則著重於產業龍頭、高市占率、營運穩定，再搭配過去皆連續發放高額股利回饋投資人，而目前市場低估其內在價值，也造就了個股出現高殖利率的狀況。除非未來營運出現危機，不然抱緊處理的原則下，長期投資都能夠獲得不錯的報酬！

　　老牛過去以「抱緊處理」四大心法選出的抱緊股，在這三年間皆有翻一倍以上的表現，其中包含技嘉（2376）、根基（2546）、堡達（3537）、雷科（6207）、聯華（1229）。

　　讀者配置投資組合時需注意，屬性分類為以下三類：

　　● 價值股：目前股價被市場低估，其價值高於目前股價，可期待外在價格回歸正常水準。

● **成長股**：公司仍處於高成長階段，可期待市場給予價差回報。

● **價值成長股**：高成長但目前股價被市場低估，可期待價值回歸及盈餘成長的雙重回報。

代號	名稱	產業別	股價（元）	現金股利連配年數
1216	統一	食品工業	75	20
1229	聯華	食品工業	33.5	18
1319	東陽	塑膠工業	40.35	19
1730	花仙子	化學工業	69.5	10
2356	英業達	電腦及週邊設備	24.15	19
2397	友通	電腦及週邊設備	80.3	9
2441	超豐	半導體業	42.65	24
2546	根基	建材營造業	32.2	5
2548	華固	建材營造業	74	18
2882	國泰金	金控業	44.8	10
2884	玉山金	金控業	24	9
3036	文曄	電子通路業	40.9	19
3402	漢科	其他電子業	31.45	13
4506	崇友	電機機械	58	18
5871	中租-KY	其他業	129	19
6024	群益期	證券業	47.75	20
6196	帆宣	其他電子業	55.5	15
6202	盛群	半導體業	72.9	18
6279	胡連	電子零組件業	89.8	24
8926	台汽電	油電燃氣業	26.4	21

* 個股資訊係經老牛整理，並檢視整體評價之個股屬性（價值股／成長股／價
值成長股）

2018 年 EPS（元）	2018 年 ROE	2019 年 現金股利	2019 年現金股利 殖利率（%）	屬性
3.07	14.9	2.5	3.33	成長股
2.35	9.91	1.6	4.78	價值股
3.26	8.94	1.7	4.21	價值股
4.96	21.1	3.5	5.04	價值成長股
1.81	9.12	1.5	6.21	價值股
5.28	19.2	5.28	6.58	價值成長股
4.18	15	2.7	6.33	價值股
3.84	16.7	3	9.32	成長股
3.12	5.62	5	6.76	成長股
3.95	9.11	尚未公布	NA	價值股
1.58	11	0.71	2.96	價值成長股
5.02	13.3	尚未公布	NA	價值成長股
3.56	18.5	3	9.54	價值成長股
3.63	16.1	2.6	4.48	成長股
10.37	23.1	4.2	3.26	價值成長股
4.73	17.2	3.4	7.12	價值成長股
4.4	14.4	3	5.41	價值成長股
4.7	25.7	4.7	6.45	成長股
6	13.2	尚未公布	NA	價值股
1.14	5.63	1.5	5.68	價值成長股

*部分個股尚未公布 2019 年現金股利，故無法計算現金殖利率

*表格更新日期：2019/4/3

代號	1216	上市／上櫃	上市
名稱	統一	股本（億）	568
股價	**75**	成立年數	51
產業	食品工業	上市年數	31
屬性	成長股	董事長	羅智先
主要業務	食品事業、便利商店事業、流通事業包裝容器事業、食糧事業、油品事業其他（製藥事業、休閒開發事業、物流事業等）。		

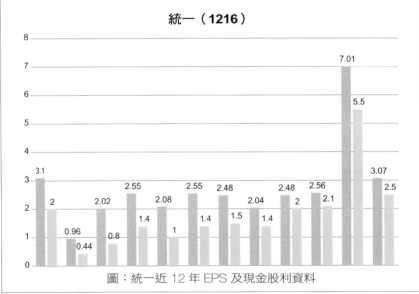

統一（1216）

圖：統一近 12 年 EPS 及現金股利資料

老牛簡評：

統一（1216）屬食品產業龍頭，旗下各項商品具備品牌、通路及行銷優勢，近三年來 ROE 都在 15% 以上，近年尤其快速積極整合旗下事業。2017 年在上海星巴克出售認列下，EPS 創新高達到 7 元，因此 2018年股東領得 5.5 元現金，年均股息殖利率逾 7.5%，除此之外，過去五年則維持 3-4% 的殖利率，屬穩健成長投資標的。

代號	1229	上市／上櫃	上市
名稱	聯華	股本（億）	105.2
股價	**33.5**	成立年數	63
產業	食品工業	上市年數	42
屬性	價值股	董事長	苗豐強
主要業務	麵粉其他		

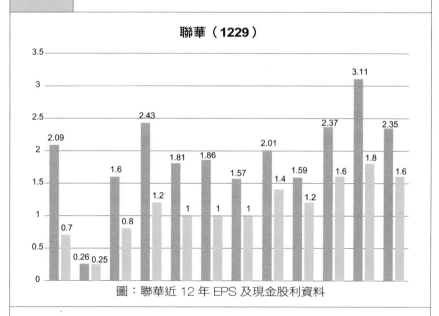

聯華（1229）

圖：聯華近 12 年 EPS 及現金股利資料

老牛簡評：

聯華屬「聯華神通」集團，麵粉為聯華的本業收入。可是本業收入僅占整體獲利的 10～15％，8 成以上的獲利均來自於旗下三隻小金雞分別是（1）化學工業的聯成（1313）、（2）工業氣體的聯華氣體及（3）電腦資訊的神通電腦（8122）。2018 年獲利銳減及面臨成長衰退的危機，所以股價從最高點的 41.1 元修正至 30 元上下，在 2019 年宣布將轉型為控股公司，有機會隨著獲利逐漸回溫而股價緩步向上。

代號	1319	上市／上櫃	上市
名稱	東陽	股本（億）	59.1
股價	**40.35**	成立年數	51
產業	塑膠工業	上市年數	24
屬性	價值股	董事長	吳永豐
主要業務	汽機車零件製造買賣、各項模具製造買賣		

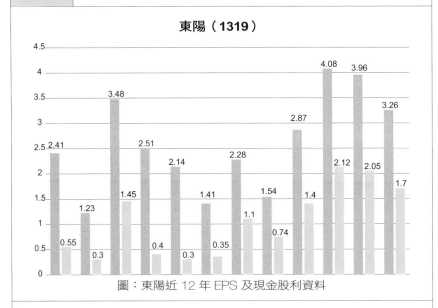

圖：東陽近 12 年 EPS 及現金股利資料

老牛簡評：
東陽是全球最大 AM（Aftermarket，售後維修）產業的汽車零組件供應商，受到全球車市不振影響，且受中美貿易戰影響大陸地區消費市場，使汽車市場銷售量下滑，整體表現不振，影響所及臺灣相關汽車零組件表現也不如以往樂觀。2018 年獲利相對衰退不少。雖盈餘發放率不高，不過股價近兩年也修正不少，今年現金殖利率雖不到 5%，但不小的價差空間使得投資價值的機會逐漸浮現。

代號	1730	上市／上櫃	上市
名稱	花仙子	股本（億）	5.95
股價	**69.5**	成立年數	35
產業	化學工業	上市年數	17
屬性	價值成長股	董事長	蔡心心
主要業務	家庭日用化學品工業類		

花仙子（**1730**）

圖：花仙子近 12 年 EPS 及現金股利資料

老牛簡評：
花仙子品牌跨足香氛、除溼劑、清潔工具、各式洗劑，旗下品牌在臺灣家用清潔用品市占率第一。目前海外長期深耕中國、泰國及馬來西亞，近期除了跨足越南開闢新市場外，也在臺灣積極尋找物流中心的位置以節省運輸及倉儲費用。近五年 EPS 逐步提升使得股利也同步增加，EPS 從 2014 年的 2.14 元到 2018 年時已翻倍成長至 4.96 元，本益比也在 15 倍以下，屬於價值成長股。

代號	2356	上市／上櫃	上市
名稱	英業達	股本(億)	359
股價	**24.15**	成立年數	43
產業	電腦及週邊設備	上市年數	22
屬性	價值股	董事長	卓桐華
主要業務	筆記型電腦伺服器		

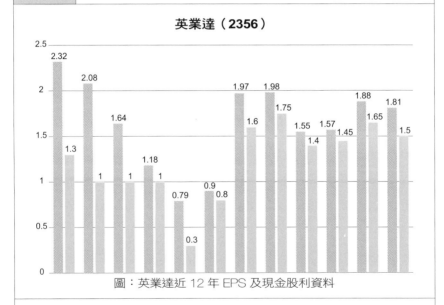

英業達(2356)

圖:英業達近 12 年 EPS 及現金股利資料

老牛簡評:

英業達為國內電子代工大廠,旗下有三大核心業務:智慧裝置、筆電與伺服器。被動元件的缺貨潮及中美貿易戰白熱化,代工廠勢必成本會墊高,英業達不排除為降低衝擊而將上海產線移回臺灣,將毛利率守住 5% 以上。觀察近幾年財報數據,目前本益比較低、盈餘發放率高,股利相對穩定,殖利率來到近 6% 以上的水準。

代號	2397	上市／上櫃	上市
名稱	友通	股本（億）	11.5
股價	**80.3**	成立年數	37
產業	電腦及週邊設備	上市年數	19
屬性	價值成長股	董事長	陳其宏
主要業務	電腦主機板、工業用電腦		

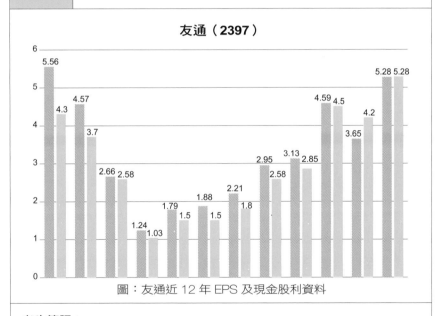

圖：友通近 12 年 EPS 及現金股利資料

老牛簡評：

工業電腦廠友通在 2017 年被佳世達集團收購，成為該集團發展工業用電腦及嵌入式系統加值型整合解決方案之重要子公司。當時佳世達在 65 元買進 2 萬張，並且該公司的 84％ 股票都持有在 11 位大股東身上，籌碼較為穩定。未來主要的成長動能將來自利基型應用如運輸、軍工，以及佳世達集團的發展重點項目醫療及自動化。

代號	2441	上市／上櫃	上市
名稱	超豐	股本（億）	56.9
股價	**42.65**	成立年數	36
產業	半導體業	上市年數	18
屬性	價值股	董事長	蔡篤恭
主要業務	各種積體電路之封裝、測試及相關業務		

圖：超豐近 12 年 EPS 及現金股利資料

老牛簡評：

IC 封測廠超豐 2018 年在新客戶、新製程與新晶圓三大利多加持下營收持續成長。不過因挖礦市場退燒及半導體終端需求降低導致庫存水位上升，成長力道趨緩使得其不受外資青睞。2018 年 EPS 雖微幅衰退至 4.18 元，不過競爭力仍在。2019 年仍發出 2.7 元的高額股利，殖利率也有將近 7% 水準。可望營收回溫及庫存調整等利空因素結束後，再次回歸正常價格。

代號	2546	上市／上櫃	上市
名稱	根基	股本（億）	10.6
股價	**32.2**	成立年數	37
產業	建材營造業	上市年數	18
屬性	成長股	董事長	馬銘嫻
主要業務	土木、建築、水利及整地工程之承攬。各項基礎工程之承攬。橋樑、隧道工程之承攬。		

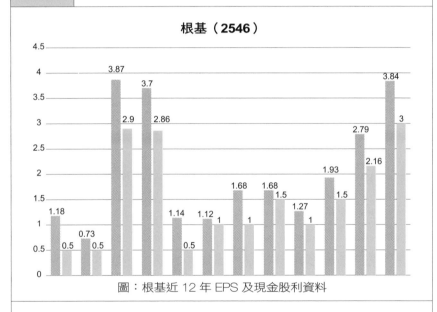

圖：根基近 12 年 EPS 及現金股利資料

老牛簡評：

根基屬營建業，其工程實績從住宅商場、機關學校及科技廠辦等。目前在建工程，50% 來自同集團的冠德建設，50% 來自各項工程，工程收入來源相對穩定。2018 年營收成長 36.6%，再加上前 3 季毛利率達 6.21%，屬營造廠中毛利前段班的公司。其獲利逐年成長及其高殖利率的特性，連續兩年被選入老牛抱緊股推薦清單中。

代號	2548	上市／上櫃	上市
名稱	華固	股本（億）	27.7
股價	**74**	成立年數	30
產業	建材營造業	上市年數	16
屬性	成長股	董事長	鍾榮昌
主要業務	委託營造廠商興建商業大樓、國民住宅		

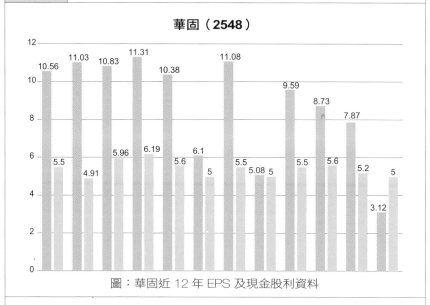

圖：華固近 12 年 EPS 及現金股利資料

老牛簡評：

上市營建股「獲利王」華固建設因近幾年房市遭逢壓制，獲利衰退，事實上完工入帳口袋現金滿滿；但看好下一波辦公市場的大崛起，積極獵地布局辦公市場。營建股的特性是各建案完工入帳時期較不固定，常出現單季獲利暴增。每年股利相當穩定，近幾年股價都在 50～70 元上下，發出 5 元左右股利，其殖利率高達 8% 以上。

代號	2882	上市／上櫃	上市
名稱	國泰金	股本（億）	1410
股價	**44.8**	成立年數	17
產業	金控業	上市年數	17
屬性	價值股	董事長	蔡宏圖
主要業務	金融控股公司業		

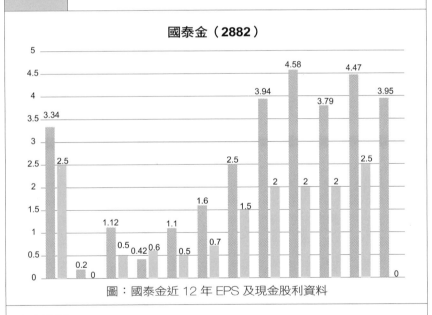

國泰金（**2882**）

圖：國泰金近 12 年 EPS 及現金股利資料

老牛簡評：

2018 年下半年因為股債行情大幅波動，使得具有壽險業的金控股面臨淨值虧損，國泰金也屬於受災戶其中之一。而在 2019 年初股債市已然回穩、各壽險業淨值也回升，唯市場仍處於驚恐狀態。國泰金身為金融股龍頭，年年穩坐獲利第一寶座，目前股價仍處於低檔，適合投資人逢低進場持有，並靜待金融股的穩健行情到來。

代號	2884	上市／上櫃	上市
名稱	玉山金	股本（億）	1083
股價	**24**	成立年數	17
產業	金控業	上市年數	17
屬性	價值成長股	董事長	黃永仁
主要業務	金融控股公司業		

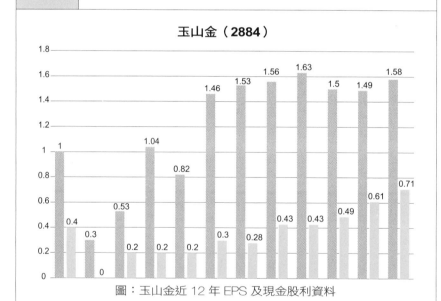

圖：玉山金近 12 年 EPS 及現金股利資料

老牛簡評：

玉山金在 2018 年業務穩健成長，放款及手續費收入屬高個位數成長，而信用卡及財富管理動能上均有所斬獲，獲利較去年同期成長 10% 以上。

面臨中國經濟放緩、中美貿易戰影響，需留意中國債務可能出現變化。

玉山金雖然發放現金股利比率較低，不過仍持續發放股票股利來壯大股本，以期用錢滾錢使未來能創造更大的效益。

代號	3036	上市／上櫃	上市
名稱	文曄	股本（億）	55.76
股價	**40.9**	成立年數	25
產業	電子通路業	上市年數	16
屬性	價值成長股	董事長	鄭文宗
主要業務	電子零組件買賣及進出口業務		

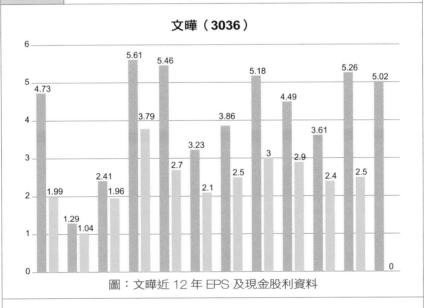

文曄（3036）

圖：文曄近 12 年 EPS 及現金股利資料

老牛簡評：

文曄在中美貿易戰中屬於重災戶，使得去年第四季的庫存都大幅增加，預計要到今年第二季才能消化完畢。本業成長力道強勁，近三年的營收成長率都超過 2 成以上，預計今年仍可持續高成長。投資人可將觀察重點放在三率（毛利率、營益率、淨利率）是否能止穩回升，才是推升股價上漲的關鍵。

代號	3402	上市／上櫃	上櫃
名稱	漢科	股本（億）	7.3
股價	**31.45**	成立年數	28
產業	其他電子業	上市年數	12
屬性	價值成長股	董事長	溫永宏
主要業務	特殊管路工程之設計、規劃、施工		

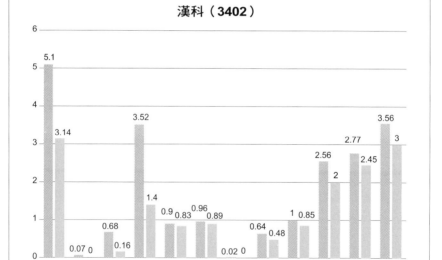

圖：漢科近 12 年 EPS 及現金股利資料

老牛簡評：
漢科為系統整合的廠商，具有整廠統包工程與系統整合的能力，進入門檻高使得其護城河強。除了管路、機電及無塵室系統建置外，近年投入半導體界特殊氣體供應系統領域，市場仍維持於既有主要半導體、IC 晶圓等工廠，主要客戶包括台積電、聯電等，預期 2019 年營收將繼續維持成長。

代號	4506	上市／上櫃	上櫃
名稱	崇友	股本（億）	17.7
股價	**58**	成立年數	44
產業	電機機械	上市年數	21
屬性	成長股	董事長	唐伯龍
主要業務	客、貨、病床用電梯，電扶梯及維修保養		

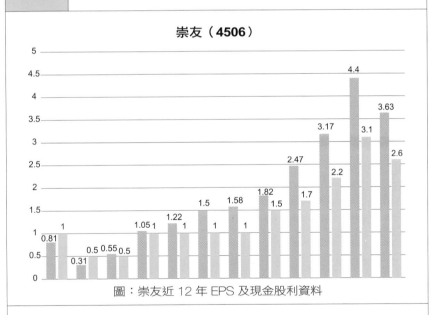

崇友（**4506**）

圖：崇友近 12 年 EPS 及現金股利資料

老牛簡評：
崇友近年透過「差異化」接單策略，除代理日本東芝品牌臺灣新梯，以中低階市場為主的「崇友牌」，以及中高階市場的「堅尼西斯」等雙品牌持續銷售，主打中高階市場包括飯店、商辦大樓、百貨等案源，並積極加速拓展汰舊換新業務。2019 年三大成長動能：案源優化、汰舊換新及維修保養，預期獲利仍可維持在高檔。

代號	5871	上市／上櫃	上市
名稱	中租-KY	股本（億）	129
股價	**129**	成立年數	9
產業	其他業	上市年數	7
屬性	價值成長股	董事長	陳鳳龍
主要業務	租賃業務分期付款買賣融資及應收帳款收買暨管理業務		

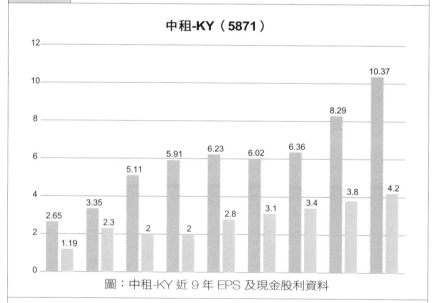

中租-KY（5871）

圖：中租-KY 近 9 年 EPS 及現金股利資料

老牛簡評：
中租是臺灣租賃龍頭，近年來將觸角延伸至太陽能發電。2018 年獲利將近百億、其 ROE 高達 20%，2019 年獲利應可持續創高。
盈餘發放率雖偏低，公司保有現金用於再投資可為股東帶來更高價值。不過需注意中國景氣反轉，所帶來的呆帳風險。

代號	6024	上市／上櫃	上市
名稱	群益期	股本（億）	17.64
股價	**47.75**	成立年數	22
產業	證券業	上市年數	1
屬性	價值成長股	董事長	孫天山
主要業務	期貨證券投資顧問事業		

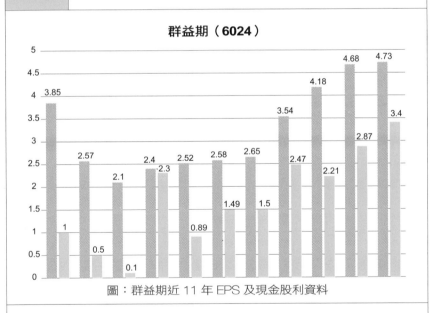

圖：群益期近 11 年 EPS 及現金股利資料

老牛簡評：
群益期被稱為是「莊家概念股」，只要金融市場有開盤就有收入。其獲利來源主要來自經紀手續費跟佣金收入，而隨著臺灣期貨市場逐漸飽和，群益期已擴展觸角至香港及中國等海外市場，故投資人可將焦點放在海外市場的獲利情況。近年來獲利逐年增加，股利發放情況也穩健提升。

代號	6196	上市／上櫃	上市
名稱	帆宣	股本（億）	18.56
股價	**55.5**	成立年數	30
產業	其他電子業	上市年數	14
屬性	價值成長股	董事長	高新明
主要業務	高科技產業廠務及製程系統規劃整合服務		

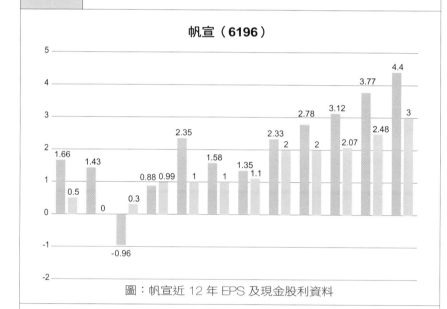

圖：帆宣近 12 年 EPS 及現金股利資料

老牛簡評：

帆宣在 2018 年獲得樺漢入股後，成為鴻海集團的一分子，使得鴻海補足建構智能工廠的一條龍能力。公司獲利連五年持續成長，股價也從 18 元翻至 50 元以上，2018 年 EPS 為 4.4 元，預期 2019 年獲利能成長至 6 元以上，以目前本益比僅在 10 倍左右，加上其高盈餘發放率，造就其高殖利率的優質屬性。

代號	6202	上市／上櫃	上市
名稱	盛群	股本（億）	22.6
股價	**72.9**	成立年數	20
產業	半導體業	上市年數	14
屬性	成長股	董事長	吳啟勇
主要業務	各種積體電路之研究、設計開發、製造及銷售		

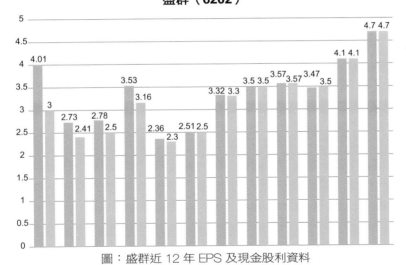

盛群（6202）

圖：盛群近 12 年 EPS 及現金股利資料

老牛簡評：

盛群為國內 MCU 晶片製造商，隨著物聯網發展，資料處理需求日益增多，帶動高運算、低能耗及多次讀寫等 MCU 需求，盛群受惠工業、醫療等應用穩定成長，營運溫和成長。因大陸客戶為盛群占比最大客戶群，而盛群採人民幣報價，相較競爭對手採用美元報價，盛群競爭力較強。每年均發出高額股利，殖利率達 6% 以上。

代號	6279	上市／上櫃	上櫃
名稱	胡連	股本（億）	9.72
股價	**89.8**	成立年數	41
產業	電子零組件業	上市年數	15
屬性	價值股	董事長	張子雄
主要業務	電子零件、五金機械配件、塑膠件模具等製造加工及買賣		

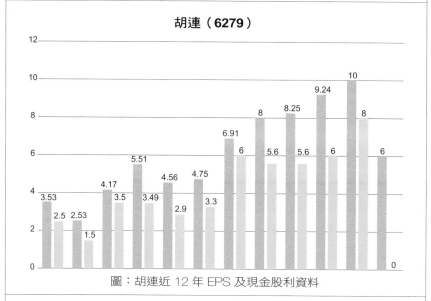

圖：胡連近 12 年 EPS 及現金股利資料

老牛簡評：
胡連是汽機車業專業連接器製造廠，產品主要應用在汽車市場，最大銷售地區為中國。過去連年成長營運表現不錯，可是在 2018 年遭逢今年受到人民幣貶值、銅價上漲、新車銷售不佳等市場因素影響公司獲利表現，股價也連帶下跌。投資人可關注原物料報價與國際匯率的表現，毛利率是否能重回正常軌道將是投資關鍵。

代號	8926	上市／上櫃	上市
名稱	台汽電	股本（億）	58.9
股價	26.4	成立年數	26
產業	油電燃氣業	上市年數	15
屬性	價值成長股	董事長	張明杰
主要業務	非屬公用之發電業務汽電廠運維及經營（汽電廠主要產出為電力、蒸汽）研究諮詢及技術服務		

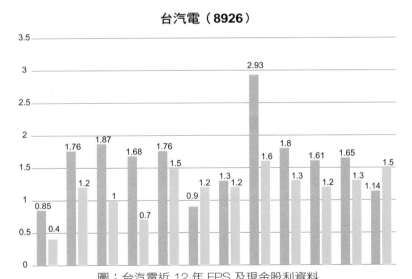

圖：台汽電近 12 年 EPS 及現金股利資料

老牛簡評：

台汽電獲利模式較為不同，本業為官田汽電廠（獲利占 25.6％），而名下有 11 家轉投資子公司（獲利占 73.4％）。近幾年現金股利發放比例都在 80％ 以上，並且殖利率都有 5％ 以上。主要投資風險來自 2017 年 1 月電業法修正後所帶來的中長期影響，未來仍以持續投資汽電共生系統、民營電廠及再生能源，以穩健經營為原則。

* 溫馨小提醒：上述建議抱緊股清單係由老牛逐季追蹤個股資訊及財報指標所得，並不保證未來走向。建議讀者須持續追蹤最新公布之財報，據以調整個股評價。若須追蹤最新財報資訊，可上「公開資訊觀測站」或「台灣股市資訊網」查詢個股最新資訊。

國家圖書館出版品預行編目（CIP）資料

股海老牛專挑抱緊股，穩穩賺 100％：10 項指標篩選股票，
四大心法看準買賣點，伺機抱緊，這輩子從此穩穩賺／股海
老牛著. -- 臺北市：大是文化，2019.05
240 面；17×23×1.4 公分. --（Biz：294）

ISBN　978-957-9164-94-8（平裝）

1. 股票投資　2. 理財

563.53　　　　　　　　　　　　　　　　108001997

Biz 294

股海老牛專挑抱緊股，穩穩賺100%
10項指標篩選股票，四大心法看準買賣點，伺機抱緊，這輩子從此穩穩賺

作　　　者／股海老牛
校對編輯／劉宗德
美術編輯／林彥君
副總編輯／顏惠君
總 編 輯／吳依瑋
發 行 人／徐仲秋
會　　　計／許鳳雪
版權經理／郝麗珍
行銷企劃／徐千晴、周以婷
業務專員／馬絮盈、留婉茹
業務經理／林裕安
總 經 理／陳絜吾

出 版 者／大是文化有限公司
　　　　　臺北市衡陽路7號8樓
　　　　　編輯部電話：（02）23757911
　　　　　購書相關資訊請洽：（02）23757911分機122
　　　　　24小時讀者服務傳真：（02）23756999
　　　　　讀者服務E-mail：haom@ms28.hinet.net
　　　　　郵政劃撥帳號19983366　戶名／大是文化有限公司

法律顧問／永然聯合法律事務所
香港發行／豐達出版發行有限公司　Rich Publishing & Distribution Ltd
　　　　　香港柴灣永泰道70號柴灣工業城第2期1805室
　　　　　Unit 180514, Ph.2, Chai Wan Ind City, 70 Wing Tai Rd, Chai Wan, Hong Kong
　　　　　Tel：2172-6513　Fax：2172-4355
　　　　　E-mail：cary@subseasy.com.hk

封面設計／林雯瑛
內頁排版／顏麟驊
印　　　刷／鴻霖印刷傳媒股份有限公司

出版日期／2019年5月2日初版
出版日期／2020年5月29日初版11刷
定　　　價／新臺幣380元
ISBN　978-957-9164-94-8

有著作權，侵害必究　Printed in Taiwan
（缺頁或裝訂錯誤的書，請寄回更換）

※本書所列的股票僅供參考，不代表作者目前持有，請讀者自行評估投資風險。